A VAGA É SUA

Ana Estela de Sousa Pinto e Cristina Moreno de Castro

A VAGA É SUA

COMO SE PREPARAR PARA TRABALHAR EM JORNALISMO

PubliFolha

© 2010 Publifolha – Divisão de Publicações da Empresa Folha da Manhã S.A.

Todos os direitos reservados. Nenhuma parte desta publicação pode ser reproduzida, arquivada ou transmitida de nenhuma forma ou por nenhum meio sem a permissão expressa e por escrito da Publifolha – Divisão de Publicações da Empresa Folha da Manhã S.A.

Editor: Oscar Pilagallo
Projeto gráfico e capa: Fábio Miguez
Revisão: Ana Maria Barbosa e Évia Yasumaru

Coordenação do projeto: Publifolha
Editores-assistentes: Adriane Piscitelli e Thiago Blumenthal
Coordenadora de produção gráfica: Soraia Pauli Scarpa
Produtora gráfica: Mariana Metidieri

Dados Internacionais de Catalogação na Publicação (CIP)
(Câmara Brasileira do Livro. SP, Brasil)

Pinto, Ana Estela de Sousa
A vaga é sua : como se preparar para trabalhar em jornalismo / Ana Estela de Sousa Pinto, Cristina Moreno de Castro.
São Paulo : Publifolha, 2010

ISBN 978-85-7914-189-8

1. Jornalismo - Estudo e ensino 2. Jornalismo como profissão
I. Castro, Cristina Moreno de. II Título.

10-03877 CDD-070.407

Índice para catálogo sistemático:
1. Jornalismo : Estudo e ensino   070.407

O livro segue as regras do Novo Acordo Ortográfico da Língua Portuguesa.

Publifolha
Divisão de Publicações do Grupo Folha
Al. Barão de Limeira, 401, 6º andar
01202-900, São Paulo, SP
Tel.: (11) 3224-2186/2187/2197
www.publifolha.com.br

SUMÁRIO

1. Apresentação...11
Bem-vindo ao clube..11

2. Perfil ideal? Esqueça...13
ENTREVISTA – Xico Sá: Sapo pula por necessidade, não por boniteza.................18

3. Quatro portas para um emprego...20
Participar de programas de treinamento ou fazer estágios.........................20
Participar de concursos (no caso dos veículos que anunciam suas
   vagas, como *Folha*, Folha.com, *Agora São Paulo*)..............................21
Oferecer pautas, como freelancer, para mostrar seu trabalho e ganhar
   a confiança dos editores..21
Fazer (e manter) contatos..22
Antes de bater às portas..23
Alguns exemplos concretos...24
ENTREVISTA – Fábio Seixas: Queria trabalhar o quanto antes....................26

4. Dúvida cruel: a escolha da faculdade...30
Presto vestibular para qual curso?...30
Que faculdade fazer/o nome importa?..32
Fazer um curso menos reconhecido acaba com minhas chances?.............33
ENTREVISTA – José Hamilton Ribeiro: Jornalismo veio desde a
   primeira infância..34
É suficiente estar numa faculdade reconhecida?..40
Fiz jornalismo. Isso é vantagem ou desvantagem?......................................41
Vale a pena fazer outro curso universitário além do jornalismo?...............43
E, se sou formado em outros cursos, devo fazer uma graduação em
   jornalismo?...43
Exigências do futuro..44

5. Quando começar a se especializar; como se especializar..........47

Jornalismo econômico..........50

Jornalismo internacional..........51

ENTREVISTA – Maria Cristina Fernandes: Sempre soube que queria estudar mais..........52

Jornalismo político..........53

Jornalismo cultural..........54

Jornalismo de informática e tecnologia..........55

6. Quando é hora de fazer estágio..........56

ENTREVISTA – Bob Fernandes: Bati no portão, na cara dura..........64

7. Viajo ou procuro trabalho?..........69

ENTREVISTA – Laurentino Gomes: Viajar é uma das formas mais práticas e eficientes de aprender..........70

8. Como é um processo de seleção – currículos, prova, entrevista..........74

Currículos – em linhas gerais: diferentes modelos, o que fazer, o que não fazer..........75

ENTREVISTA – Juca Kfouri: Eu tinha aquilo de que eles precisavam..........76

Prova – como se preparar; exemplos de provas..........93

Entrevista – como se preparar; algumas perguntas..........100

O que pensam os selecionadores..........111

9. As seleções nos grandes veículos..........114

ENTREVISTA – Mílton Jung: Fui adotado pelo jornalismo..........116

10. Não passou? Comece de novo...........120

ENTREVISTA – Eliane Cantanhêde: Quem quer estabilidade vá para o serviço público..........122

11. Os primeiros dias de trabalho..........127

Cole nos mais velhos..........130

ENTREVISTA – Laura Capriglione: Não sabia nada de jornalismo..........131

ENTREVISTA – Eliane Brum: Grudei em quem percebi que podia me ensinar..........132

12. Como trabalhar como freelancer..135
Tenho perfil para trabalhar só como freelancer?...135
Regras de sobrevivência..136
Oferecendo pautas...137
Para frilar no exterior..141
ENTREVISTA – Marcelo Tas: Ousadia, coragem e flexibilidade para trabalhar por conta própria..142
Pecados dos frilas..144

13. Para quem quer mudar de área..146
Da assessoria ao jornalismo..149
ENTREVISTA – Marcio Aith: Pedi demissão para ganhar um terço do que eu ganhava...150
Mudar de área no jornalismo..153
ENTREVISTA – Boris Casoy: Assessoria de imprensa serve como aprendizado...154
ENTREVISTA – Guilherme Roseguini: A adaptação de um repórter de jornal impresso à TV 157
Sou velho demais para (re)começar?...158
ENTREVISTA – Ricardo Feltrin: Da música para o jornalismo aos 27 anos........160

14. Demissão não é o fim do mundo..162

Agradecimentos...164

Notas..166

"O correr da vida embrulha tudo. A vida é assim: esquenta e esfria, aperta e daí afrouxa, sossega e depois desinquieta. O que ela quer da gente é coragem."

João Guimarães Rosa, em *Grande Sertão: Veredas*

1 APRESENTAÇÃO

Bem-vindo ao clube

Talvez você já tenha tentado vários processos seletivos para vagas de jornalistas e não tenha passado em nenhum. Talvez esteja bem no atual emprego, mas, no fundo, gostaria de mudar de área. Pode estar ainda na faculdade, mas já sofrendo de insônia ao pensar em como poderá se destacar num mar de profissionais recém-formados. Suas preocupações podem ser ainda maiores se você mora em uma cidade pequena ou estudou em uma universidade pouco conhecida.

Se você se sente assim, bem-vindo ao clube. Nós, autoras deste livro, também já estivemos na sua pele: já concorremos sem sucesso a vagas, já nos perguntamos se estávamos no caminho certo e já tivemos dúvidas sobre o futuro.

Também faz parte do nosso cotidiano profissional pensar sobre como conseguir trabalho e como construir uma carreira – há pelo menos 20 anos a Ana participa dos processos de seleção da Folha e desde 1997 é a responsável por coordená-los. Nos últimos dois anos, o blog Novo em Folha (criado pela Ana em 2007 e feito em parceria com a Cris desde 2009) recebe dezenas de e-mails com dúvidas que vão de "como começar a trabalhar?" e "como mudar de área?" a "o que há de errado com meu currículo?" ou "por que não consigo passar numa seleção?".

Nossas respostas a essas dúvidas variam muito. Dependem de qual é a vaga, quem é o candidato, que tipo de trabalho é necessário e quais são nossas prioridades.

Não há receita única, mas um começo de resposta vale para todos os casos.

- Existem possibilidades, escolhas a ser feitas.
- Para escolher, é preciso listar os prós e contras de cada opção.
- Feito isso, é preciso comparar esses prós e contras com seus valores, suas prioridades, seus planos e sua disponibilidade presente.
- Escolher é sempre difícil, porque implica risco. É preciso abrir mão de uma opção por outra, abraçar benefícios sabendo que haverá sacrifícios.
- Nem sempre os caminhos para o progresso profissional são diretos. Às vezes é preciso retroceder ou pegar desvios. O que importa é seguir sempre em frente.
- Nenhuma escolha é definitiva. Nunca é tarde para voltar atrás ou recomeçar.

O que pretendemos com este livro é discutir essas possibilidades e ajudar o leitor a organizar suas ideias, não para que possa "encontrar o melhor caminho" – que seria impossível de definir –, mas para que possa tomar decisões mais conscientes, com menos ansiedade.

Vamos apresentar sugestões práticas – como montar um currículo, como se vestir para uma entrevista, como oferecer trabalhos freelance – e reflexões sobre como e quando se especializar, a conveniência de viajar ou começar logo a trabalhar, o que fazer para superar a frustração depois de uma recusa de emprego ou de ter sido demitido.

Alguns exemplos de histórias reais – inclusive experiências pelas quais passamos – vão nos ajudar a ilustrar essas situações e a mostrar como diferentes profissionais seguiram caminhos diversos na sua batalha pelo crescimento profissional. Os jornalistas aqui ouvidos são identificados pela função que exerciam na época da entrevista, em 2009.

Praticamente todas as situações e casos se referem ao jornalismo, porque essa é a realidade que conhecemos melhor,[1] mas nosso objetivo é que as considerações deste livro possam ajudar qualquer um que se encontre num momento de escolha profissional.

No fundo, este livro é menos sobre jornalismo e mais sobre força de vontade, reflexão, foco, entusiasmo e envolvimento.

2 Perfil ideal? Esqueça.

Uma das perguntas que nos fazem com mais frequência é "Qual o perfil de um bom candidato a jornalismo?". Nossa resposta é simples:
– Não existe.
Cada vaga é adequada a um tipo de jornalista diferente.

Um editor de jornal impresso pode estar precisando, a certa altura, de redator com grande experiência em fechamento, com texto exemplar e agilidade. Nesse caso, ele vai dar preferência aos currículos de quem já tenha trabalhado naquela função em jornal diário (que tem uma dinâmica muito diferente de uma revista, site ou TV).

Em outro momento, pode querer um repórter "pau para toda a obra", que possa cobrir desabamento pela manhã e educação à tarde. Nesse caso, talvez dê preferência a quem trabalhou em diversas áreas ou passou por mais de um tipo de veículo.

O jornal pode ainda ter acabado de abrir um caderno semanal sobre saúde e precisar de jornalistas especializados no tema. Nesse caso, pode priorizar tanto repórteres experientes na cobertura desse tema quanto apostar em novatos que, embora nunca tenham pisado num jornal diário, tenham excelente formação em temas de saúde.

Independentemente, porém, das especificidades da vaga e das preferências do editor, há três elementos básicos que estão presentes num processo de seleção:

1. experiência – principalmente em três situações:
a) quando a equipe é muito pequena e o editor precisa ter certeza de que o contratado dará conta do recado;
b) quando a vaga é sênior, com salário maior e atribuições mais complexas;

c) quando o veículo e/ou o editor não podem ou não querem investir em treinamento;
2. potencial – principalmente quando a vaga é para iniciantes;
3. empenho e interesse – em qualquer situação.

Esses três blocos podem se traduzir em algumas características concretas:
- entusiasmo;
- conhecimento na área;
- experiência na área;
- flexibilidade e jogo de cintura;
- otimismo e bom humor;
- capacidade de aprender com os erros e críticas;
- maturidade;
- foco e metas;
- solidariedade, capacidade de dividir conhecimentos;
- capacidade de trabalhar bem em equipe (sem trabalho de equipe, um jornal não sai).

Em 2009, pedimos a editores, colunistas e repórteres experientes da Folha que completassem a frase "Quem quer ser jornalista precisa..." com uma característica que, na opinião deles, é imprescindível (não a principal ou a única, apenas muito necessária). Numa palestra para estudantes, agrupamos as respostas em três colunas. Dê uma boa olhada nelas:

TÉCNICA DE NARRATIVA	SENSO CRÍTICO	GOSTAR DE NOTÍCIA
SABER SE VIRAR	SABER OUVIR	CURIOSIDADE
SABER INVESTIGAR	LER MUITO	EMPOLGAÇÃO
FALAR IDIOMAS	LER JORNAL TODO DIA	PAIXÃO
	RESPONSABILIDADE	SEM PREGUIÇA
		DESAPEGO
		VONTADE DE ESTUDAR
		HUMILDADE

Perfil ideal? Esqueça.

Na coluna da esquerda estão técnicas que podemos aprender na faculdade, num programa de treinamento ou mesmo na prática.

Na coluna do meio estão atitudes, que podemos desenvolver com mais ou menos esforço, dependendo de nossas afinidades.

Mas é na coluna da direita que talvez esteja o fundamental, que vai influenciar inclusive na velocidade e competência com que você desenvolverá as características das duas primeiras colunas.

Para ter sucesso em jornalismo – e em qualquer profissão – é preciso ter envolvimento. Envolvimento não é, obrigatoriamente, ter sonhado com aquela carreira desde que nasceu. Pode ser isso também, mas tem que ir além: é preciso ter vontade de trabalhar, estar disposto a pagar o preço que a profissão exige, ter ambição de fazer um trabalho relevante, que faça a diferença.

A própria experiência de perguntar a nossos colegas que qualidades eles consideravam úteis aos jornalistas reforçou nossa convicção de que não há perfis ideais. Cada um deles iluminou uma faceta diferente da profissão, que, como a vida e as pessoas, é complexa, eclética e em constante mudança. Ainda bem!

Na página http://is.gd/biOlb é possível assistir a todos os 39 vídeos com as respostas. Fizemos um resumo:

- Alcino Leite Neto, editor de Moda: ler de tudo, ver filmes, viajar. "O jornalista precisa ter uma grande antena parabólica pra captar tudo o que está ocorrendo ao seu redor, não só da área específica em que ele atua."
- Alec Duarte, editor-assistente de Esporte: gostar de notícia.
- Alessandra Balles, redatora de Cotidiano: o redator tem que ter cuidado com os títulos, legendas, textos de apoio, "ter uma pulguinha atrás da orelha", ter "atenção e carinho" com o texto e muita agilidade.
- Carla Romero, editora de Fotografia: humildade. "Ser humilde pra ouvir conselho dos que já sabem."
- Carlos Eduardo Lins da Silva, ombudsman: preocupar-se com questões éticas.

- Catia Seabra, repórter especial: habilidade para se relacionar com as fontes. "Um pouquinho de cara de pau faz muito bem para o jornalista."
- Cláudia Collucci, repórter especial de Saúde: determinação. "Focar numa área que acha que vai se dar bem, que é seu interesse, estudar, se atualizar."
- Clóvis Rossi, colunista da Folha: "Vai precisar ouvir muito, ler muito, conversar muito e, acima de tudo, contar muito bem as histórias que recolher nesse percurso."
- Eliane Cantanhêde, colunista da Folha: gostar de ler, de escrever, de conhecer e de aprender. "É preciso paixão."
- Elvira Lobato, repórter especial: tem que ser uma pessoa curiosa. "A investigação é uma consequência da dúvida."
- Evandro Spinelli, repórter de Cotidiano: tem que ser curioso, atencioso, gostar de aprender as coisas e ter dedicação para estudar e pesquisar.
- Fabiano Maisonnave, correspondente em Caracas: formação multidisciplinar em antropologia, história, literatura e outras áreas.
- Fábio Marra, editor de arte: leitura, técnica (de redação, de narrativas visuais, narrativa on-line etc.), apuração e paixão.
- Fábio Seixas, editor-adjunto de Esporte: "Tem que saber se virar".
- Fernando Rodrigues, repórter especial: ler jornais todos os dias, aprender todas as ferramentas e dois ou três idiomas. "Precisa saber que vai trabalhar muito e dificilmente vai ficar rico."
- Frederico Vasconcelos, repórter especial: faro apurado e equilíbrio. "Equilíbrio para não comprar a primeira versão, saber exatamente a quem interessa a publicação daquela notícia, a quem vai prejudicar, e também para não medir esforços para buscar a versão das partes envolvidas."
- Gilberto Dimenstein, colunista da Folha: humildade permanente. "Nunca deve desprezar nenhuma pessoa, nenhuma possibilidade de que ali há uma grande chance de contar uma boa história."
- Gustavo Patu, repórter especial: "Propensão a criar caso, um gosto pela controvérsia, por dizer da forma mais simples possível que as coisas não são tão simples assim".
- Ivan Finotti, editor-adjunto da Ilustrada: precisa ler muita ficção.

Perfil ideal? Esqueça.

- Jairo Marques, coordenador-assistente da Agência Folha: conhecimento. "Claro que nossa função é buscar informação, mas ter um pouco de formação também é fundamental."
- Janaina Lage, correspondente em Nova York: não pode ter uma visão burocrática do trabalho e deve se preocupar com o texto.
- Joel Silva, repórter-fotográfico: acreditar em seu próprio trabalho.
- José Henrique Mariante, editor de Esporte: disposição. "Se você tiver preguiça, não vai dar certo. Além disso, tem que gostar de tudo, se interessar por tudo."
- Júlio Veríssimo, editor da Agência Folha: curiosidade, bom ouvido, capacidade de contar histórias. "Tem que ouvir muito, falar pouco e só questionar na hora certa."
- Laura Capriglione, repórter especial da Folha: entusiasmo. "Precisa achar que tem coisas legais para ser descobertas, coisas legais para ser vividas e vidas interessantes que você pode descobrir e revelar para as pessoas."
- Luciana Coelho, correspondente em Genebra: resiliência e ser uma antena do mundo. "E cuidado com o ego. Ego inchado, em 99% dos casos, só atrapalha."
- Marcelo Leite, colunista de Ciência: ler. "Quem não lê jornal com prazer dificilmente vai escrever com prazer também. Leitura é condição fundamental pra você reunir as informações necessárias pra que possa fazer perguntas inteligentes, pesquisa, enfim, ir à frente nessa profissão."
- Marcio Aith, repórter especial: disposição de contrariar interesses. "O produto de seu trabalho na maioria das vezes vai desagradar pessoas, empresas e organizações."
- Marco Aurélio Canônico, editor do Folhateen: senso crítico. "Ser questionador, incisivo. Não deixar as coisas passarem só porque alguém está te dizendo."
- Mario Cesar Carvalho, repórter especial: saber fazer perguntas inconvenientes. "Porque obriga o jornalista a estudar profundamente a questão que ele está tratando; ele não pode ficar na superficialidade."

entrevista
Xico Sá

Sapo pula por necessidade, não por boniteza

Você ganhou reconhecimento por sua cobertura política nos tempos do Collor. Também nunca deixou de opinar sobre música, uma de suas paixões. E já faz tempo que comenta futebol. O jornalista deve ser capaz de falar sobre tudo? Ou é melhor se especializar?

A pergunta me faz lembrar uma frase colhida por Guimarães Rosa nos sertões mineiros: sapo pula por necessidade, não por boniteza. Inicialmente eu era mais voltado à literatura, à música, tinha mais o perfil da gente dos cadernos de variedades. Mas comecei por futebol, em um semanário pernambucano chamado *Tabloide Esportivo* e depois no *Jornal do Commercio*, acumulando esportes e cobertura policial. Foi bem melhor assim, deparei-me logo com a pauleira, com a velocidade de um jornalismo que não seria possível nos assuntos ditos culturais.

Passou por algum mico quando era muito inexperiente? Como contornou suas principais dificuldades no começo?

Ah, sou do tempo em que foca descia às oficinas em busca da calandra. Todo superior mandava a gente trazer a calandra para a redação, uma missão, como se sabia depois, impossível.[2]

Outro mico, este no texto, era poetizar exageradamente os textos, sempre motivo de chacota dos chefes.

A timidez exagerada – lembre-se que se trata de um rapaz vindo do sertão, do interior – também atrapalhava em entrevistas e na falta de "cara de pau" para conseguir driblar barreiras e chegar em alguns personagens. Também, quando perdi a ti-

■ Mônica Bergamo, colunista da Folha: "Tem que ser um furacão na hora de apurar e um gelo na hora de escrever, pra ter responsabilidade."

■ Renata Lo Prete, editora de Painel: curiosidade inespecífica. "Estar sempre aberto para o inesperado. Por mais cansado que esteja, que tenha a curiosidade de ouvir a história que têm para te contar."

■ Ricardo Feltrin, secretário de Redação da Folha Online: "Precisa ter desapego das diversões".

■ Rodolfo Lucena, editor de Informática: formação. "Aprender o método científico, estudar as diversas linhas de filosofia, que ajudem a gente a

midez, nossa! Até ultrapassei os limites, como uma reportagem sobre a máfia das funerárias do Recife, na qual me fiz literalmente de morto, em um hospital da cidade, para revelar o assédio dos chamados "papa-defuntos", os agentes desse tipo de comércio.

Das várias qualidades que um jornalista precisa ter, diga uma que você considera que fez diferença na sua vida.

Passei a ter resultados mais eficazes e com maior visibilidade quando comecei a correr na frente dos pauteiros. Chegava ao jornal sempre com uma história para contar, uma proposta de investigação, o que me permitiu, depois de alguns acertos e furos, me livrar do sufoco de várias pautas diárias. Massacrava a chefia com sugestões. Com esse tipo de obsessão e teimosia, cheguei aos principais furos, como a revelação do destino de PC Farias, em 1993, na Folha.[3]

Xico Sá, jornalista e escritor, 46, nasceu no Crato (CE) e começou sua trajetória profissional no Recife. Como repórter, ganhou os prêmios Folha, Esso e Abril. É colunista do jornal *Folha de S.Paulo*.

Na íntegra da entrevista, Xico Sá fala das dificuldades de começar a carreira em Recife, longe do eixo Rio–São Paulo–Brasília, das primeiras experiências profissionais e de como se comportava durante os processos seletivos: http://is.gd/biOno.

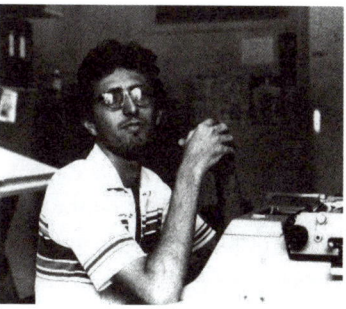

Na redação do jornal *O Príncipe*, Recife, em 1982.

pensar. Porque pensar é o trabalho número um de todo jornalista."
- Rodrigo Rötzsch, editor de Mundo: gostar do que faz. "É uma profissão muito exigente e, se você não gosta do que faz, pode ser pouco compensadora."
- Rogério Gentile, editor de Cotidiano: ceticismo, bom ouvido. "Além de saber perguntar e gostar de perguntar, tem que saber ouvir e prestar atenção no que as pessoas falam."
- Rubens Valente, repórter de Brasil (antigo caderno Poder): "Paciência para esgotar as dúvidas que surgirem em determinada reportagem."
- Vinicius Mota, editor de Opinião: metodologia.

3 Quatro portas para um emprego

Se você é do tipo que prefere regras mais claras e ficou ansioso ao descobrir que tudo é impreciso e variável quando o assunto é o perfil de um bom candidato, relaxe. Na hora de procurar portas para entrar numa Redação, há alguns caminhos definidos a percorrer.

No livro *Jornalismo Diário* (Publifolha, 2009) e no blog Novo em Folha descrevemos quatro maneiras básicas de começar a trabalhar em jornalismo.

Vale a pena repeti-las.

Participar de programas de treinamento ou fazer estágios
É uma forma de ser conhecido pelos editores e ganhar experiência sem a pressão de ter que fazer tudo certo. Afinal, espera-se que os treinamentos e estágios sirvam para que os participantes aprendam, e, para isso, é preciso ter liberdade para errar, perguntar, arriscar.

Vários veículos têm programas de treinamento no Brasil (veja uma lista deles em http://is.gd/biOGU). São em geral muito concorridos (o da Folha recebe mais de 2 mil inscrições para dez vagas), mas os critérios de seleção são bem variados e ninguém perde nada por tentar.

A Folha, por exemplo, valoriza não só candidatos com currículos excepcionais, mas também aqueles que têm experiências ricas de vida e sabem se expressar de forma interessante e articulada.

Já os estágios costumam ser acordos feitos entre veículos, universidades e sindicatos. Informe-se na sua escola e no sindicato da sua cidade. Se não conseguir informação nessas instituições, procure direto nos jornais, rádios, emissoras de TV, revistas e sites da sua cidade.

(Leia mais sobre estágio no capítulo 6.)

Participar de concursos (no caso dos veículos que anunciam suas vagas, como *Folha*, Folha.com, *Agora São Paulo*)

Nem todos os veículos abrem concursos públicos, mas vários promovem seleções que costumam incluir:

- análise de currículo e portfólio (exemplos de trabalhos já publicados);
- teste;
- entrevista.

Veja em http://is.gd/biOLw como funciona a seleção em 13 diferentes veículos brasileiros.

(Leia mais sobre seleções nos capítulos 8 e 9.)

Oferecer pautas, como freelancer, para mostrar seu trabalho e ganhar a confiança dos editores

Todo editor adora uma boa pauta (veja o que é uma pauta e como elas são feitas em http://is.gd/biR0u). Se tiver uma sugestão, ofereça-a para os veículos que cobrem esse assunto. Seu objetivo aqui não é conseguir uma vaga, mas fazer um trabalho freelancer (esporádico, limitado àquela reportagem) para que o editor conheça seu trabalho e veja do que você é capaz.

Se não der certo da primeira vez, descubra por que sua oferta foi recusada: a pauta é ruim? Inadequada para o projeto do veículo? O editor não tem verba no momento?

Insista para obter uma resposta, pois você precisará tomar atitudes diferentes dependendo do motivo. Por mais chato que seja receber críticas ou ser recusado, deixe sempre claro que você quer ter uma avaliação honesta da sua proposta, que você aguenta o tranco e está preparado para aprender com ele.

Não fique amuado nem leve a recusa para o lado pessoal. Agradeça a resposta e coloque-se à disposição, caso haja nova oportunidade no futuro.

(Leia mais sobre como fazer frilas no capítulo 12.)

A VAGA É SUA

Fazer (e manter) contatos

Jornais que não fazem concursos públicos recorrem muitas vezes a pessoas indicadas. Isso não acontece por amor às panelinhas, mas porque, para o editor, é mais seguro chamar quem já é conhecido de alguém que contratar um desconhecido total.

Quando recorre a indicações, o editor pode perder a oportunidade de encontrar gente nova e talentosa. Mas muitos consideram essa forma de seleção mais prática e barata. Como ela é um dado da realidade, portanto, o importante é saber que há uma maneira honesta e séria de fazê-la funcionar a favor do candidato. E isso começa já na faculdade.

Um jornal que recorre a indicações vai pedi-las a seus próprios jornalistas e, às vezes, a professores da universidade. Não há nada de errado em você ser indicado por suas boas qualidades profissionais, por seu talento e por seu empenho.

Mas, afinal, "o que é fazer contatos?", perguntou-nos outro dia um leitor do blog. "É mandar parabéns no aniversário, feliz Natal e feliz Ano Novo? Ainda não consegui entrar no mercado, não me acho um contato muito vantajoso para jornalistas experientes. Como posso reverter isso?", perguntava o leitor.

"Manter contatos" é menos cumprir essas formalidades em datas especiais, e mais o seguinte.

- Corresponder-se com seus colegas de faculdade: pelo grupo de e-mails que existe desde o início da faculdade ou em encontros ocasionais para uma cerveja.
- Procurar o colega que foi demitido do seu jornal ou mudou de empresa. Ele não precisa deixar de ser seu amigo só porque virou seu concorrente.
- Participar de listas de discussão, associações de jornalistas (um exemplo é a Abraji – Associação Brasileira de Jornalismo Investigativo – www.abraji.org.br), de debates em redes sociais, como o Twitter.
- Ir a congressos, seminários ou cursos, conhecer quem está lá, trocar cartões ou e-mails.

- Conversar com os colegas dos veículos concorrentes quando estiverem juntos em coberturas, saber o nome deles, tratá-los bem, sem promiscuidade, mas sem arrogância nem distância.
- Conhecer colegas que cobrem o mesmo assunto, que se especializaram na mesma área ou têm as mesmas afinidades: eles poderão ajudar de diversas formas ao longo da sua carreira.

Enfim, é se interessar pelas pessoas e pelo que elas fazem e estar disposto a trocar ideias e experiências. Lembre-se que todos – colegas de faculdade, atuais concorrentes, professores de jornalismo – um dia poderão cruzar seu caminho. É bom que, nesse dia, vocês já se conheçam e possam ser amistosos.

Antes de bater às portas

Independentemente de qual dessas portas vai se abrir para você, a forma de se preparar para esse dia é semelhante.

- Se faz uma faculdade de jornalismo, dedique-se nos exercícios e trabalhos. Cobre de seus professores que passem exercícios práticos e os comentem e corrijam.
- Se faz outros cursos universitários, procure ter contato com o jornalismo, fazendo uma disciplina optativa, por exemplo, ou criando um jornal na sua escola. (Leia mais sobre que faculdade fazer no capítulo 4.)
- Leia jornais e revistas, ouça rádio, veja telejornais, acompanhe os sites. Estar informado é fundamental. Se não conseguir tempo para isso ou achar profundamente entediante, pare para pensar se você quer realmente ser jornalista (leia em http://is.gd/biRAm um programa para passar a ler jornal diariamente).
- Informe-se sobre vagas, cursos e estágios. Fique de olho no mural da sua escola. Peça dicas para seus amigos que já trabalham. Acompanhe sites que costumam divulgar oportunidades de trabalho (o blog Novo em Folha divulga sempre em: http://novoemfolha.folha.blog.uol.com.br/vagas).

A VAGA É SUA

■ Aprenda português. Dominar o idioma, seja do ponto de vista gramatical, seja na estrutura do texto, é uma qualidade importantíssima num jornalista, mesmo que ele não vá para um veículo impresso.
■ Persista. Não desista. Para uma única vaga, um editor pode receber dezenas – ou até centenas – de currículos, dos quais terá que escolher apenas alguns. Por isso, a escolha não é eliminatória, mas comparativa: uma pessoa pode não ter sido selecionada porque outro candidato tinha mais habilidades desejáveis para aquela função. Se fosse outra vaga, poderia ter sido diferente.

Alguns exemplos concretos

Abaixo, veja os requisitos exigidos em concursos reais da Folha.

Para uma vaga nos cadernos Saúde e Equilíbrio:
■ experiência em reportagem em jornal (de preferência diário) ou revista informativa;
■ conhecimento do assunto;
■ sólida formação cultural;
■ domínio da língua portuguesa;
■ domínio da língua inglesa, inclusive para entrevistas;
■ domínio da língua espanhola;
■ domínio do Manual da Redação.

Para redator de Folhateen:
■ domínio do Manual da Redação;
■ prática em fechamento;
■ habilidade na revisão e edição de textos;
■ familiaridade com os temas do caderno;
■ boa formação cultural;
■ domínio da língua inglesa, para entrevistas.

Para Mundo, na Folha Online (antigo nome da Folha.com):
■ boa formação cultural;

- experiência em reportagem e/ou fechamento em jornal ou site;
- bom acompanhamento do noticiário de exterior; é desejável experiência em cobertura de TV;
- agilidade na apuração e redação de matérias;
- domínio da língua inglesa;
- curso de pós-graduação concluído ou em andamento e conhecimentos do Manual da Redação da Folha são habilitações desejáveis.

Para repórter da Agência Folha:
- experiência em reportagem diária;
- disponibilidade para viagens;
- boa cultura geral;
- domínio da língua inglesa;
- domínio da língua portuguesa;
- conhecimento do Manual da Redação;
- curso de pós-graduação concluído ou em andamento é habilitação desejável.

Agora vamos comparar as quatro vagas, que são bem diferentes entre si. Elas possuem alguns pré-requisitos em comum, considerados prioritários, para os quais é possível se preparar:

Domínio do Manual da Redação da Folha – editores querem alguém em sintonia com as regras e o projeto editorial do veículo e que conheça o jornal em que vai trabalhar.

Se você tenta uma vaga em veículo sem manual de redação, procure conhecer de outras maneiras as diretrizes da empresa:

- lendo o veículo diariamente;
- buscando informações sobre sua história e projeto editorial no site do veículo;
- consultando colegas ou amigos que trabalhem ou tenham trabalhado lá;

entrevista
Fábio Seixas

Queria trabalhar o quanto antes

Você começou a trabalhar cedo?
Estava na faculdade Metodista e tinha uma ansiedade pra começar a trabalhar logo. Achava que quanto antes, melhor. O que aparecesse, eu topava.

O que apareceu no primeiro ano foi um estágio no jornal da própria faculdade, que era restrito pra alunos de terceiro e quarto anos. Um cara entrou na classe e perguntou: "Alguém aqui na classe sabe mexer com Page Maker?". Levantei a mão. Mas nunca tinha ouvido falar do programa! A prova era no dia seguinte, e eu não tinha nem computador em casa!

Saí da faculdade, comprei um livro, com umas 500 páginas, e virei a madrugada lendo o livro. Fiquei só na teoria – imagina você aprender um programa de computador sem mexer no programa –, mas meio que decorei. Fui pra prova no dia seguinte. E fui aprovado.

Havia concorrentes nessa seleção?
Não, só tinha eu. Isso ajudou, né, com certeza [risos].

Eu adorava, só de estar ali uma vez por semana... meu sonho era ser aqueles caras do terceiro ano.

Uma vez colei numa repórter que foi fazer um torneio de futebol em São Bernardo, às 7h. Até hoje me lembro da minha empolgação. Eu era o cara mais feliz do mundo, lembro até que música eu estava ouvindo no carro.

Fiquei um ano no estágio. Depois fui morar três meses nos Estados Unidos, nas férias. Quando voltei, em 1994, entrou um cara na sala de aula e perguntou: "A gente está precisando de alguém pra trabalhar numa rádio, de madrugada, pra começar no meu lugar amanhã. Alguém quer?". De novo, levantei a mão.

Depois, meu primeiro emprego pra valer foi na rádio Trianon. Tive que fa-

- lendo livros sobre o veículo;
- lendo entrevistas dadas pelo diretor de Redação do veículo ou outros jornalistas em cargo de chefia.

Boa cultura geral ou sólida formação cultural – ainda vamos nos deter sobre esse tópico várias vezes neste livro. Formação cultural é uma das qualidades mais desejáveis em qualquer jornalista.

Há várias maneiras de investir nisso. A faculdade é uma delas. Viagens, cursos de especialização, experiências culturais, leituras de enciclopédias, almanaques e outras fontes são outras.

zer um teste, transformar uma matéria de jornal em uma lauda de rádio.

Foi fácil conseguir este emprego?
Foi parecido: comprei um manual de radiojornalismo e passei a noite estudando. O teste tinha conhecimentos gerais, e eu lia muito jornal e revista, tenho até hoje recortes guardados. Entrei na rádio.

Era da meia-noite às 6h. Saía da rádio, tomava café na padaria e ia pra Metodista, onde estudava pela manhã. Meus pais falavam "cê tá louco". Ganhava R$ 400, pra trabalhar de madrugada. Fiquei um ano e adorei. Pensava: "A cada dia que eu trabalho lá, aprendo mais do que na faculdade".

Fábio Seixas é jornalista, com mestrado em administração esportiva pela London Metropolitan University, da Inglaterra. Está na Folha desde 1995. Cobriu rebeliões em presídios, jogos de futebol, as Olimpíadas de Sydney, Atenas e Pequim e parou de contar os GPs de F-1 quando chegou ao 120º. Atualmente é editor-adjunto de Esporte, assina uma coluna de automobilismo na Folha todos os sábados, tem um blog na Folha.com e é comentarista das rádios Bandeirantes e BandNews FM.

Na íntegra da entrevista, Fábio Seixas conta como chegou à Folha, diz por que foi parar no mundo do esporte, se tem vontade de cobrir outras áreas, conta como foi o intercâmbio nos Estados Unidos e se foi fácil se adequar às multiplataformas da internet, TV e rádio, além do jornal: http://is.gd/biS0q.

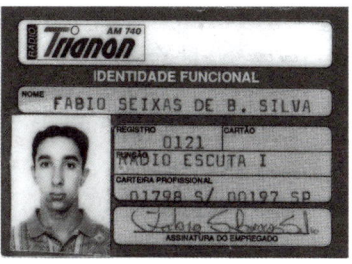

Seu primeiro crachá como jornalista.

Sua meta como jornalista deve ser aprender continuamente. (Leia mais no capítulo 5.)

Domínio da língua inglesa – em algumas seleções pode haver até entrevistas nesse idioma. A língua inglesa deixou de ser fundamental apenas para repórteres de Mundo, e há muito tempo.

Por isso, se você não tem familiaridade com o idioma, procure se preparar, inclusive nos cursos oferecidos em sua universidade, desde a época de estudante. (Leia informações sobre cursos gratuitos de idiomas em http://is.gd/biRMF.)

Domínio da língua portuguesa – nem todos explicitam esse conhecimento fundamental, mas pressupõe-se que, se já é essencial o domínio de inglês, é mais necessário ainda o de português. Muitos editores descartam currículos ou testes com erros de gramática. Por isso, fique preparado.

- Relembre periodicamente as regras. Escolha um bom livro de gramática, que lhe pareça palatável, e um bom dicionário, e deixe-os sempre sobre a mesa. Consulte-os quando tiver dúvidas.
- Não basta estudar nas vésperas das seleções. O domínio da língua portuguesa – um dos principais instrumentos de trabalho – é exigência mínima e pode ser afiado ao longo de toda a vida. Sempre que tiver dúvidas, dê um jeito de saná-las e de assimilar a regra.
- Se tiver um parente ou amigo que domine a língua, peça a ele que corrija seus textos. Gramáticas trazem as regras, mas o uso do idioma é sempre mais complexo. A melhor forma de se aperfeiçoar é escrever e ser corrigido.
- Alguns jornalistas têm uma lacuna séria no aprendizado do português. Se for o seu caso, não se envergonhe nem se desespere. É possível, com esforço, reverter esse quadro. Nos vários anos à frente do treinamento da Folha, a Ana já testemunhou pelo menos três exemplos de ex-colegas que tinham sérios (sérios mesmo!) problemas de pontuação, acentuação e estrutura de texto, que passaram a escrever corretamente com a ajuda de aulas particulares – e muita disciplina e determinação.

Experiência – cada vaga pede certo tipo de experiência, ligado ao que será mais importante no dia a dia do trabalho. Note também que nenhuma das vagas especifica quantos anos de experiência você precisa ter – isso é uma imposição da legislação, que impede que se exijam mais de seis meses de experiência.

Se você nunca trabalhou num veículo, mas tem os outros requisitos – que são fundamentais para qualquer vaga –, ainda pode reverter a situação a seu favor, mostrando que tem potencial para aprender rapidamente e em pouco tempo compensar a falta de experiência.

Bons trabalhos no jornal-laboratório da faculdade, por exemplo, também podem contar, principalmente se você tentar publicá-los, como freelancer, em revistas especializadas ou outros veículos. Falaremos mais sobre isso no capítulo 6.

O caderno de Saúde ainda exigiu conhecimento do assunto (especialização) e domínio de espanhol. É que, dependendo das vagas, o editor precisa de alguém com um nível de formação mais completo.

A vaga da Agência Folha pediu disponibilidade para viagens, pré--requisito que também tem a ver com o perfil da vaga, pois a Agência cobre todos os Estados do país.

4 Dúvida cruel: a escolha da faculdade

Presto vestibular para qual curso?

RELATO DA ANA:
No final de 2009, um leitor escreveu para o blog com a seguinte dúvida:

"Moro numa cidade do interior de meu Estado, tenho 18 anos e, como a maioria dos jovens da minha idade, estou em busca de uma profissão. Sempre gostei de escrever e me interesso muito por reportagens de rua. Mas como ainda estou muito indeciso entre o que pode me satisfazer como profissional e o que me oferece mais oportunidades no momento, resolvi escrever-lhe este e-mail."

Minha resposta foi a seguinte:

"Entendo suas dúvidas e acho que faz todo sentido pensar direito sobre a carreira que se quer seguir, inclusive sobre o retorno financeiro.
Apesar disso, é bem difícil dar conselho, por vários motivos:
1. existem muitas funções diferentes, no jornalismo, cada uma com características muito diversas. Elas variam de acordo com o meio (TV, rádio, revista, jornal, on-line), com a amplitude (nacional, regional, local), com a região do país e com a função (redator, produtor, repórter, editor etc.). Portanto, pode ser que algumas lhe agradem, outras não;
2. é impossível prever se a gente vai conseguir trabalhar no curto ou no médio prazo (e às vezes até no longo) naquela função do jornalismo que nos agrada. Isso vai depender das vagas que houver, da nossa formação e de um pouco da sorte;

3. para algumas pessoas, é impensável trabalhar em algo que não as deixe feliz. Para outras, vale mais ter segurança e um bom salário, mesmo que o trabalho não seja aquele idealizado. Nenhuma das duas situações é certa ou errada. São apenas diferenças entre as pessoas. Mas, dependendo de onde você se encaixa, suas opções profissionais no futuro são diferentes.

O que talvez o ajude é entrar em contato com algum veículo da sua região e pedir pra passar uma semana olhando como é. Isso lhe daria noção melhor da profissão no dia a dia, na 'vida real'.

Toda profissão é idealizada; o dia a dia é sempre diferente. Toda profissão tem seus sapos, sua carga de rotina, seus limites. O que muda é a nossa relação com ela, o quanto estamos dispostos a fazer sacrifícios e o quanto nos recompensa aquilo que obtemos com o trabalho."

Esse leitor ainda não sabia que profissão seguir no futuro. Mas, mesmo quando a gente já sabe que quer ser jornalista, a dúvida sobre que faculdade nos dará a melhor preparação persiste. Já era uma pergunta importante mesmo antes do clima de incerteza criado com a derrubada do diploma em 2009, pelo menos para quem se preocupava não só com a questão legal, mas com a formação.

Um bom ponto de vista para essa dúvida é se colocar no lugar de quem está contratando, ou seja, dos editores. O que todos os editores querem é encontrar profissionais inteligentes, talentosos, interessados, tenham eles feito jornalismo, matemática, biologia ou física.

Mas só essas qualidades não bastam. O editor também quer alguém que conheça no mínimo o bê-á-bá da profissão: que seja capaz de produzir sem precisar de um longo tempo de adaptação. Por isso, as empresas podem preferir egressos das escolas de jornalismo por acreditar que eles estão mais preparados em relação ao dia a dia das Redações, conhecem melhor o trabalho e estão mais seguros de que realmente querem seguir nessa profissão.

Se você está em dúvida sobre para qual escola prestar vestibular, a alternativa é fazer algum curso que abra amplas perspectivas profissionais (como direito, economia, matemática, engenharia – algo com o qual você tenha afinidade) e, ao mesmo tempo, tentar se aproximar de algum veículo de comunicação da sua cidade para conhecer o trabalho jornalístico na prática, adquirir experiência e ver se é o que realmente o fará feliz.

Dessa forma, você fica mais garantido se descobrir que não gosta tanto assim de jornalismo, antes de perder tempo de formação fazendo a faculdade de jornalismo.

Que faculdade fazer/o nome importa?

Independentemente da área que você cursar, o nome da faculdade importa, por três motivos:

1. prestígio, tradição (ou preconceito): já há uma ideia formada sobre quais faculdades são "melhores" ou "piores";
2. resultados: os editores têm experiência em testar e entrevistar egressos de várias faculdades, e vão formando sua própria opinião sobre de qual delas saem os melhores alunos;
3. contato: algumas faculdades têm entre seus professores jornalistas da ativa, que acabam conhecendo pessoalmente candidatos ou indicando seus alunos para os colegas editores.

Isso não quer dizer que o curso superior seja decisivo numa seleção. É preciso lembrar que:

- o nome da faculdade vai pesar mais nas seleções em que há análise de currículo. É nessa fase que, numa comparação, o editor pode priorizar candidatos das instituições que considera melhores;
- a faculdade também tem mais peso quando o candidato não tem experiências profissionais relevantes. Se ele já tiver provado suas qualidades na prática, não haverá dúvidas sobre sua capacidade, independentemente da escola que tenha cursado;
- potencial e empenho são qualidades muito importantes num candidato. Se estiver bem preparado, isso contará mais que o nome da faculdade.

Dúvida cruel: a escolha da faculdade

Fazer um curso menos reconhecido acaba com minhas chances?
Se você estuda numa instituição que não está entre as mais conceituadas e não tem perspectivas nem condições de mudar de escola, concentre-se em aprender e se preparar para sua profissão: o fundamental é estudar e praticar ao máximo a área que lhe interessa. Tire o máximo que puder das condições que sua universidade oferece – e pressione por mais.

Se você cursa jornalismo, veja uma lista de coisas que pode fazer.

- Exercite ao máximo o português. Pratique a escrita, relembre as regras gramaticais, proponha-se a escrever diferentes tipos de textos com bastante frequência e peça a alguém que domine bem a língua que os corrija e o ajude a aprimorá-los.
- Nos laboratórios, dedique-se de forma profissional. Cumpra prazos. Esforce-se para oferecer boas pautas, fazer boas reportagens, entregar textos sem erros, sugerir bons títulos. Leve a sério. Não faça apenas para cumprir tabela ou ganhar nota. É nos exercícios que o aluno pode acelerar e ampliar seu aprendizado.
- Cobre dos professores uma avaliação detalhada dos exercícios que fizer. Quando for possível, tente corrigir ou refazer.
- Tente uma parceria dos veículos-laboratório com um veículo de sua cidade, com o objetivo não só de ter suas reportagens divulgadas, mas também de fazer um trabalho jornalístico relevante.
- Questione seus professores. Aproxime-se daqueles que têm muito a ensinar, tanto das técnicas quanto do dia a dia da profissão.
- Aproveite um colega de trabalho, parente ou amigo jornalista mais experiente: peça que ele seja seu mentor. Que leia seus textos, faça críticas.
- Refaça, refaça, refaça os trabalhos práticos da faculdade, guiado pelas críticas do professor ou mentor, até que eles estejam o melhor possível.
- Muitas faculdades, principalmente as públicas, costumam ter também programas de extensão que podem enriquecer seu aprendizado, como a produção de um jornal-mural com notícias da própria faculdade, um jornal para uma escola municipal ou um boletim voltado

entrevista
José Hamilton Ribeiro

Jornalismo veio desde a primeira infância

Quando decidiu ser jornalista?
É uma coisa que vem desde a primeira infância. Sou de uma cidadezinha do interior, de 3 mil habitantes, quase uma vila rural, com uma pequena livraria que era de uma tia muito próxima. Ela me estimulou a ler e assinava um jornal chamado *Lar Católico*, que promovia um concurso de redação.

Minha tia pediu pra eu escrever e, sem que eu soubesse, mandou pro jornal, que acabou publicando. Ver meu nome no jornal ficou na minha cabeça.

Quando terminei o científico, escolhi a escola de jornalismo Cásper Líbero, a única que havia no Brasil, eu acho. O diploma não era obrigatório, mas a escola ajudou muito, porque era um lugar onde se conversava de jornalismo, de jornal, de jornalista.

E, quando eu estava no segundo ano da escola, já surgiu a possibilidade de cobrir umas férias no departamento de jornalismo da Rádio Bandeirantes, no período da meia-noite às 6h. Um período horroroso – mas eu era estudante, embalado, ia ganhar um dinheirinho, e fui pra lá. Depois acabou se prolongando, não foi só um mês.

Como começou a trabalhar na Folha?
A Folha na época publicava um anúncio assim: "Você quer ser jornalista?" com um telefone. Liguei, fiz o teste na Folha e, quando terminou, o cara pegou o material escrito, fez uma entrevistinha, e falou: "Nós estamos com seu nome, seu telefone, qualquer coisa a gente te avisa".

Imaginei: isso é aquela conversa de sempre. Mas, pra minha surpresa, alguns dias depois chegou um telegrama em casa pra comparecer à Folha determinada hora. Eu fui, uma pessoa me recebeu e disse: se você quiser trabalhar, pode começar amanhã.

E já começou como repórter?
Havia uma função na Folha que chamava preparador de textos. O repórter escrevia o que tinha e entregava aquele material bruto. Alguém lia e entregava o texto pra um preparador de texto, que dava uma ajustada no texto. Era fazer uma edição de texto. Fiquei pouco tempo nesse negócio, aí surgiu uma vaga de repórter, e fui repórter da Folha durante seis anos.

para pessoas de terceira idade e distribuído em asilos. Se a sua não tiver, sugira ao coordenador do curso ou a algum professor. Veja se sua faculdade pode investir recursos nesses projetos mais práticos.

▪ Sugira nomes de jornalistas experientes para que sua faculdade os convide para palestras, oficinas e seminários. É uma forma de apren-

Por que acha que foi selecionado naquela época?
Eu tinha facilidade de escrever. De maneira simples, com português correto, porque sempre tive boa formação em português. E também porque era jovem e era estudante de jornalismo.

"Ó, o cara tem jeito pra escrever, é jovem, está na universidade estudando jornalismo, quer dizer, é um cara que está inclinado." Acho que isso contou.

José Hamilton Ribeiro começou no rádio (Rádio Bandeirantes), passou para jornal (*Folha de S.Paulo*), revistas (da Editora Abril), e TV (é atualmente repórter especial da TV Globo, no Globo Rural). Em cerca de 50 anos como repórter, recebeu sete prêmios Esso e o Maria M. Cabot, da Universidade de Columbia, EUA. É autor de *O Gosto da Guerra* (sobre seu trabalho como correspondente de guerra no Vietnã) e *A Vingança do Índio Cavaleiro*, entre outros.

Na íntegra da entrevista, José Hamilton Ribeiro diz por que não sentiu muitas dificuldades e teve segurança em seus primeiros momentos de repórter, fala do desafio de mudar do jornal impresso para a TV e aponta a principal característica que um jovem jornalista deve ter para compensar a inexperiência: http://is.gd/biSb2.

Sem terno, junto com o secretariado mato-grossense e com jipe da Folha, em 1958.

der com a prática de um profissional e de fazer contatos.
▪ Sugira nomes de representantes de empresas para falar das oportunidades do mercado de trabalho para jovens jornalistas.
▪ Leia todos os jornais e revistas que puder, já começando a se focar nos assuntos de seu maior interesse.

A VAGA É SUA

- Leia livros de ficção e preste atenção nos recursos narrativos usados pelo autor.
- Estude história.
- Sugira pautas para veículos da sua região. Exercite-se. Se não aceitarem suas pautas, apure-as para seu blog ou para o jornal da faculdade. Mas faça sempre o exercício de pensar em pautas, apurá-las e escrevê-las.
- Escolha uma área com a qual tenha mais afinidade e faça cursos e disciplinas dessa área, como forma de especialização paralela ao curso de jornalismo. Quando a instituição em que estuda permitir, encaixe matérias optativas de outros cursos em sua grade de jornalismo. Direito, história, estatística e letras, por exemplo, são muito úteis para jornalistas. Mas também pode ser cinema, biologia, economia, urbanismo...
- Aprenda as técnicas necessárias para um jornalista multimídia: editar sites, vídeos, áudios, fotos.
- Crie um blog ou site e publique seus melhores trabalhos. Interaja com leitores, crie audiência, divulgue seu nome.

Uma coisa é certa: para o editor que procura alguém para contratar, o que mais interessa é perceber que o candidato sabe trabalhar e vai somar conteúdo à editoria. Cabe a você mostrar isso, independentemente da faculdade que tiver cursado.

RELATO DA ANA:

No final de 2009, um colega me pediu ajuda para encontrar estagiárias. Havia acabado de dar uma palestra numa faculdade que não está entre as mais famosas e notei, entre os alunos, alguns que pareciam bem interessados, muito dispostos.

Repassei então a consulta de meu colega à professora que havia me convidado para a palestra, pedindo sugestões de nome. Ela me enviou três nomes, e uma das garotas foi escolhida.

Meu colega justificou assim a escolha: "Pessoa superesforçada, divertida, enfim...".

Comentei com ele:

"Que bom que deu certo. E, quer saber, gente divertida não tem preço! Eu vivo procurando gente assim pra trabalhar comigo.
Se for esperta, a gente ensina o resto."

E a resposta dele ilustra bem, a meu ver, o argumento que procuramos sustentar nesse capítulo:

"Exatamente o que eu penso. Preciso de duas coisas – BOM HUMOR E ESFORÇO. O resto nós ensinamos.
Muitas vezes, prefiro pessoas de faculdades não renomadas, pois em geral são mais esforçadas do que as de instituições renomadas.
Um abraço e bom dia de trabalho."

O importante é ter claro que a responsabilidade não é só da faculdade, mas de cada aluno.

Sua escola não tem jornal-laboratório? Junte alguns colegas e crie um. Está difícil arrumar estágio? Invente outra forma de ganhar experiência. Como fez, por exemplo, a jornalista Mariana Versolato, que foi trainee da 48ª turma do Programa de Treinamento da Folha.

Ela tomou uma iniciativa, junto com um grupo de três colegas, para transformar o último ano de faculdade em uma experiência profissional muito rica.

Bauru (SP), onde ela estudava, não oferecia muitas opções de estágio, diz Mariana: "Eu morria de medo de sair de lá sem nenhuma experiência e dei meus pulos pra aprender onde e como podia". Ela ouvia muitos colegas reclamando, lamentando-se pela falta de estágios, mas via poucos se mexendo para fazer alguma coisa.

Assim que ficou sabendo do *Jornal da Comunidade*, aderiu ao projeto. O *JC* era um jornal comunitário, mas o mais bacana em relação a ele é que a ideia partiu de um aluno que tinha vontade de fazer um jornal comunitário. Quando conheceu um representante de associação de moradores com o mesmo desejo, pediu ajuda a um professor, juntou um grupo e todos colocaram a mão na massa.

Conseguiram pôr na rua edições de mil exemplares, distribuídos mensalmente de casa em casa e em estabelecimentos comerciais do bairro, na Câmara de Vereadores e na Prefeitura de Bauru.

Como em toda equipe pequena, os alunos tinham que fazer multitarefas: sugerir pautas, apurar, escrever, editar e até tirar foto. É uma circunstância que nos permite aprender muito.

Quando trabalhou nesse projeto, a Mariana estava no último ano da faculdade – fazendo TCC e mais dois estágios (na assessoria de imprensa de uma ONG ambiental e numa rádio AM de Bauru). Mas diz que foi no jornalzinho que mais aprendeu: "Foi minha primeira experiência de reportagem de verdade, de falar com as pessoas, ouvir o outro lado, ver como você pode mudar a vida das pessoas ou pelo menos pressionar o poder público pelas mudanças".

"No fim das contas, hoje me pergunto se teria aprendido tanto se tivesse feito estágio no principal jornal da cidade. Como tudo dependia da gente no *Jornal da Comunidade*, tivemos que aprender a nos virar do melhor jeito possível. Não ficávamos dentro de uma Redação e nem dependíamos de release (como era a rotina no meu estágio na rádio, por exemplo). Toda nossa apuração dependia do contato com as pessoas, do que a gente via pelo bairro. Não ganhamos um centavo com o jornal, mas foi a experiência mais rica que tive durante a faculdade."

A Ana estava na banca de seleção que acabou contratando a Mariana como repórter de Equilíbrio. Quando perguntaram sobre experiências profissionais, Mariana contou essa história da época da faculdade, e a iniciativa e o interesse impressionaram bastante a editora do caderno. Ela acabou contratada.

"Ter vontade de fazer e aprender – não importa onde e como – é, na minha opinião, uma das coisas essenciais na vida e na profissão", diz Mariana. "Não adianta ficar esperando; tem que aproveitar as oportunidades que aparecem."

A história da Mariana mostra que, mesmo em condições adversas, é possível virar o jogo com iniciativa e vontade de crescer. Mas, se depois de ler tudo isso você continuar inseguro e desanimado, vamos contar outro caso para chacoalhar um pouco quem acha que só aluno das faculdades de ponta tem chance na vida.

É a trajetória do jornalista Ricardo Gallo, que deu um depoimento ao blog Novo em Folha.[4]

Gallo fez jornalismo na Universidade Braz Cubas, em Mogi das Cruzes, mas sempre sonhou com a Folha.

No último ano do curso, porém, ele nem sequer havia trabalhado na área. Estava no UOL, respondendo a e-mails de dúvidas dos assinantes, para poder pagar seus estudos.

Um dia, na aula do professor Juarez Xavier, resolveu jogar tudo para o alto e correr atrás do seu objetivo. O mestre queria criar um jornal-laboratório e pediu três voluntários para serem editores. Gallo foi um deles.

A partir daí, investiu tudo na experiência como jornalista. Passou a entrar às 6h no trabalho, para sair ao meio-dia e poder se dividir, à tarde, entre o jornal-laboratório e a cobertura para um site de futebol. À noite, ia para a faculdade.

Num certo momento, aceitou trabalhar de graça num caderno sobre meio ambiente de um jornal de Mogi. "Foi ótimo, porque adorava aquele clima de Redação... E era minha primeira oportunidade de ter uma matéria assinada em um jornal", conta Gallo.

Até que resolveu arriscar e largar o emprego no UOL. Fez economias e saiu. No mesmo dia, apareceu outro trabalho de graça no jornal de Mogi, que ele aceitou. E, então, o jornal concorrente abriu uma vaga de repórter de esportes, e Gallo conseguiu seu primeiro emprego.

"Olhando para trás, ter trabalhado num jornal regional foi bem importante, porque permite aprender bastante com uma cobrança menor. E te dá experiência e alguma bagagem para lidar com situações que, seja num veículo de menor ou maior expressão, o jornalista vai ter que enfrentar. De assaltos a banco a buracos de rua", diz o repórter.

Mas o sonho de trabalhar na Folha continuava. Chegou a ser chamado para uma entrevista, porém travou quando os selecionadores lhe pediram que sugerisse uma pauta. Inscreveu-se em duas seleções para o programa de treinamento, mas não foi chamado. Tentou o treinamento do Estadão, também sem sucesso. Não desistiu. Um dia apareceu um concurso para frila num caderno regional da Folha:

> "A entrevista era às 9h de uma quinta-feira. Peguei o ônibus de madrugada com uma pasta, dessas de arquiteto, cheia de matérias minhas e uma muda de roupa extra. Sabia que chegaria todo amassado na rodoviária. Por absoluta falta de noção, desembarquei às 6h. Esperei, tomei banho no banheiro da rodoviária, troquei de roupa e tomei um ônibus até o prédio da Folha.
>
> Na entrevista, disse que tinha familiaridade com muitos assuntos da Folha Ribeirão porque já havia trabalhado em um jornal regional. Que não me importava em me mudar de cidade na mesma semana, em ganhar menos nem em ser frila. Um tempo depois, soube que decidiram me contratar porque eu havia sido o candidato que mais demonstrou vontade...
>
> Para quem está começando, sempre digo para não ter medo de tentar. Para, por mais que soe a autoajuda, acreditar em você. E a caminhar em direção ao seu objetivo, mesmo que haja tropeços."

É suficiente estar numa faculdade reconhecida?

Tenha em mente que nenhum curso, por melhor que seja, será suficiente para sua formação. Você pode complementar as lacunas com viagens, fazendo outros cursos e, principalmente, exercendo a profissão.

Não se esqueça de que a formação depende muito mais de você que do curso. E que, em jornalismo, formação e prática são igualmente importantes.

Praticar não é só fazer. Não basta um professor mandar pensar em uma pauta e você executar. O aprendizado prático se dá em quatro etapas.

1. Ler, ouvir e pensar a respeito da atividade. O professor precisa indicar uma biografia que fale sobre a produção de uma pauta e de uma reportagem, conversar sobre ela com os alunos em sala de aula e fazer pensar a respeito.

Algumas reflexões surgem das seguintes perguntas: o que é pauta? O que é notícia? Por que uma notícia é mais importante que outra? Quais são as informações fundamentais em determinada notícia e como obtê-las? Como posso contar histórias? Como descubro fontes? Quais são minhas responsabilidades na sociedade e as implicações das notícias que escrevo?

2. Praticar. Após ter pensado a respeito de sua pauta e de sua apuração, é hora de pôr a mão na massa.

3. Ter o trabalho analisado e corrigido. Essa é uma das principais partes de um exercício: depois de pronto, entregá-lo ao professor, ou a algum jornalista experiente, e lhe pedir que teça críticas a respeito, aponte falhas e ajude a encontrar soluções.

4. Refazer o trabalho a partir daí.

Essas quatro etapas precisam ser exercitadas ao máximo. Quanto mais você ler, pensar, fizer, ouvir críticas e refizer, melhor ficará a qualidade de seu trabalho. Com a experiência da prática, você aprimora também o jogo de cintura e a rapidez para chegar a um resultado cada vez mais satisfatório.

Se você optou pela faculdade de jornalismo, seu curso deve propiciar esse tipo de prática. Cobre de seus professores.

Fiz jornalismo. Isso é vantagem ou desvantagem?

Imagine que você seja um editor de um jornal e tenha três candidatos tentando uma vaga na sua editoria.

Candidato A – é formado em jornalismo em uma faculdade reconhecidamente boa, mas não tem muito a apresentar além do diploma. Não é interessado, não lê os jornais, não tem uma boa formação cultural. Por outro lado, ele diz que aceita trabalhar sob quaisquer condições, inclusive ganhando um salário bem abaixo da média.

A VAGA É SUA

Candidato B – é formado em jornalismo em uma faculdade menos reconhecida, mas é apaixonado pela profissão, tem várias pautas na manga, demonstra claramente que é preparado e tem muito a oferecer.

Candidato C – não é formado em jornalismo (suponhamos que seja de uma área de conhecimento próxima, como ciências sociais), mas tem as mesmas qualidades do candidato anterior.

Qual dos três candidatos vocês escolheria?

Há quem diga que o candidato A, por ser de uma faculdade renomada e não ter grandes ambições salariais, já esteja automaticamente em vantagem. Esse pode ser o raciocínio de um editor ou uma empresa com preocupação imediatista.

Mas quem estiver pensando no resultado de sua empresa no médio e longo prazos vai se preocupar com o fato de que esse candidato tem pouco mais a oferecer além de um canudo: não tem preparo, nem fôlego, nem ambições, nem vontade de aprender. Mesmo com um diploma de jornalismo de uma faculdade boa, ele pode ser medíocre, porque não se esforçou para ir além. Não entendeu que mais importante que o diploma é a formação e o envolvimento.

Candidatos B e C investiram em formação. Qual deles será o escolhido? Depende do editor, da composição de sua equipe (que perfis ele já tem, qual está faltando), das necessidades da vaga e da disponibilidade do veículo para investir em seus profissionais.

Em geral, editores têm muitas atribuições, pouco tempo livre e precisam de alguém que dê conta das tarefas, resolva seu problema e contribua com bom conteúdo em sua editoria.

É por isso que costuma ser uma vantagem ter cursado jornalismo: os veículos tendem a acreditar que quem fez a faculdade aprendeu pelo menos o mínimo das técnicas de apuração e redação (mesmo que isso nem sempre seja verdade). Além disso, quem optou pela faculdade de jornalismo já tem, em tese, um requisito importante, que é o interesse pela profissão – que provavelmente se manteve ao longo do curso, já que ele foi até o final – e uma personalidade propícia ao trabalho nas Redações.

Vale a pena fazer outro curso universitário além do jornalismo?

Se tiver em mente que todas as faculdades têm falhas e não são suficientes para sua formação, pode valer a pena, sim, investir em mais uma. Será mais uma forma de complementar seu aprendizado contínuo, pois nenhum curso de jornalismo vai ser suficiente para dar a formação global que todo jornalista precisa ter.

E, se sou formado em outros cursos, devo fazer uma graduação em jornalismo?

Se já é formado em outra área e está tentando entrar no jornalismo, as opções à graduação são cursos de especialização ou os programas de treinamento dos principais veículos, que:

- explicam o básico das técnicas e do jargão da área;
- permitem que você conheça colegas que já trabalham nos veículos;
- permitem que professores – muitas vezes também editores – conheçam seu trabalho.

A partir desses primeiros contatos, você pode tentar conseguir estágios ou fazer frilas para publicações, principalmente as especializadas na sua área de formação. Por exemplo, se você estudou economia, pode propor pautas para publicações de negócios, carreira, empresas, finanças etc. Se estudou fisioterapia, pode pensar em reportagens para revistas de saúde, boa forma, esportes.

Nem sempre o editor terá tempo ou paciência para dedicar a um candidato completamente verde, que terá que aprender o bê-á-bá antes de fazer uma primeira matéria. Mas, usando o exemplo do item anterior, o candidato C, que não estudou jornalismo, tem uma característica fundamental: empenho por formação pessoal e profissional exemplares.

Se continuar interessado, vai se esforçar por aprender o básico de jornalismo, mesmo que não seja em um curso de graduação.

Ao final de alguns meses, poderá estar em vantagem em relação aos candidatos A e B, porque, além das habilidades técnicas de jornalismo, e do empenho para melhorar a própria formação, possuirá conhecimentos teóricos diferenciados, conquistados na outra graduação, seja ela qual for.

(Leia também o capítulo 13.)

Exigências do futuro

Nos meios de comunicação, começam a surgir previsões sobre como será a realidade do setor em dez anos, o que vai mudar no trabalho do jornalista e, em consequência, quais as exigências para os profissionais de mídia do futuro.

As análises costumam confluir para cinco pontos, muito bem sintetizados pela diretora de conteúdo digital do *The Guardian*, Emily Bell.[5]

1. O jornalista do futuro terá que ir até a audiência, em vez de esperar que as pessoas acessem tal site ou liguem tal canal de TV para receber a notícia. Terá que saber publicar as informações em vários canais e plataformas interativos – como Twitter, Youtube, Facebook, podcasts – e nas ferramentas que certamente serão muito mais desenvolvidas daqui a dez anos.

2. Terá que se envolver com os leitores em uma rede, em vez de publicar e cruzar os braços. Linkar e conectar os leitores a outras histórias e pessoas interessantes, relacionadas àquela notícia, não necessariamente publicadas no mesmo veículo.

3. Terá que ser cada vez mais confiável e transparente, pois os leitores usarão os comentários para colocar pingos nos "is", desconstruir "barrigas", acrescentar informações. O jornalista será mais bem-sucedido quanto mais credibilidade conseguir inspirar e quanto mais conhecimento detiver.

4. O jornalista terá que compartilhar todas as informações e de todas as formas possíveis. Portanto, precisará aprender a usar diversas plataformas.

5. Qualquer um será capaz de "testemunhar" acontecimentos e comunicá-los a qualquer instante, mas o jornalismo, como profissão, não deixará de existir – enquanto houver pessoas apaixonadas por cobrir e comunicar a verdade sobre as questões importantes que afetam nossas vidas.

Os futuros jornalistas terão que exigir de suas faculdades oportunidades de aprender e exercitar todas as habilidades necessárias para dominar esses cinco requisitos.

As mais novas e importantes:

- domínio da web e de todas as suas ferramentas;
- domínio de técnicas de escrita para a web e conhecimento de como os leitores se comportam em leituras on-line;
- participação em todas as redes sociais; criação de perfis virtuais consistentes;
- domínio de códigos HTML (pelo menos o básico);
- habilidade para contar histórias atraentes com slides e em podcasts;
- domínio de produção e edição de áudio e vídeo e de como contar boas histórias nesses formatos;
- domínio de flash;
- habilidade para enviar arquivos de todos os formatos a partir de qualquer lugar (com uso de laptop, celular ou outras tecnologias);
- habilidade para responder às discussões on-line e moderá-las;
- conhecimento de SEO (sigla em inglês para "search engine otimization" – otimização dos mecanismos de busca –, refere-se a uma técnica para aumentar as chances de seu site aparecer nas páginas dos buscadores);
- conhecimento sobre como aumentar a navegabilidade do seu site, a fidelização de leitores, como indexar as notícias de modo a serem facilmente encontráveis etc.

Chegou o momento de as faculdades de jornalismo começarem a discutir disciplinas que possam suprir essas novas demandas para os jornalistas, que já começam desde agora.

Não basta mais alguém que saiba apurar e escrever: também será cada vez mais importante um jornalista que possa organizar-se diante das múltiplas informações, que se interesse pelas novas tecnologias, que se empenhe em aprender outras ferramentas e linguagens, que saiba interagir e que detenha não só o conhecimento técnico da ferramenta, mas o conhecimento teórico de como as novas formas de comunicação alcançam as novas audiências.

Nos Estados Unidos, muitas faculdades já começaram a se adaptar. A Universidade de Sunderland,[6] por exemplo, fez uma enquete entre seus alunos perguntando que tipos de habilidades gostariam de ver em novas disciplinas. Três foram vencedoras:

- habilidades on-line (ferramentas e técnicas);
- especialidades específicas (mais aulas de jornalismo econômico e científico, por exemplo);
- treinamento empresarial (como montar sua própria empresa de comunicação – habilidade desejável num país em que as grandes corporações jornalísticas não param de demitir...).

Enquanto não fazem pesquisas com estudantes brasileiros, você pode sugerir em sua universidade algumas disciplinas como estas que o freelancer Christopher Wink[7] sugeriu em seu blog:

- jornalismo multimídia (realmente multimídia);
- empreendimentos jornalísticos;
- trabalho de freelancer (inclusive do ponto de vista bem prático, como conhecer os direitos de uma pessoa jurídica, os impostos que têm que ser recolhidos, como você pode vender seu negócio no mercado de trabalho);
- ferramentas de web (feeds, blogs etc.);
- programação (você pode até não precisar saber profundamente o que é HTML, CSS, Java, Flash, mas é bom que saiba o que é o quê, para que servem, quais seus usos e funcionalidades);
- cultura das Redações de jornais, inovação nos jornais.

5 Quando começar a se especializar; como se especializar

Tem gente que nem bem terminou a faculdade e já quer engatar uma pós-graduação ou mestrado. Em algumas áreas do conhecimento, isso faz algum sentido, mas não em jornalismo, a não ser que seu objetivo seja seguir carreira acadêmica, e não trabalhar nas Redações.

Especializar-se, em jornalismo, não é aprofundar os estudos formais em um aspecto delimitado do conhecimento, mas, sim, dominar uma área de cobertura:

- estar muito bem informado sobre o que se tem publicado naquela área;
- conhecer bem a história da área;
- saber quem são os principais especialistas (e, com o tempo, ser conhecido por eles e ter seus contatos);
- dominar o vocabulário específico da área e saber traduzir jargão e detalhes técnicos em linguagem simples e didática;
- entender os interesses em jogo, para não ser usado por nenhuma das partes durante uma cobertura.

Se seu objetivo é trabalhar como jornalista, o ideal é começar a trabalhar assim que puder, seja como freelancer, seja como contratado. Lembre-se de que esta é uma profissão em que a prática é fundamental para o aprendizado. Por mais e melhores cursos que se faça, é impossível fazer bom jornalismo sem adquirir o repertório de soluções que só se adquirem com vários meses de experiência.

A lógica é a mesma de tudo o que já falamos até agora. O importante em jornalismo, o que vai fazer a diferença num processo de seleção, não é o diploma, o título, mas a formação em seu sentido amplo.

Não adianta, portanto, engatar uma pós em uma área que você pouco domina, com a qual nunca trabalhou. Isso só vai servir para lhe dar um título de "especialista" – que não lhe servirá muito na prática profissional.

Não quer dizer que o aspirante a jornalista deve parar de estudar. Ao contrário, aumentar seus conhecimentos deve ser uma preocupação para a vida toda. E cada um terá que avaliar se pretende se especializar, em que área, e a partir de que momento.

Um caminho é o seguinte:

- cultive o hábito de ler jornais e revistas todos os dias e preste atenção às fontes das áreas que lhe interessam;
- se estuda numa universidade, complemente sua formação com disciplinas nas áreas com as quais você tem afinidade;
- não ignore as outras áreas: continue fazendo as leituras do noticiário e se preparando em outros nichos de cobertura além daquele que você estabeleceu como meta;
- assim que puder, mesmo durante a faculdade, tente fazer trabalhos que acrescentem em experiência jornalística como um todo;
- sempre que puder, ofereça pautas daquela área que você acompanha mais de perto desde os tempos de faculdade;
- quando sentir que já está com um bom tempo de experiência em jornal e já angariou fontes relevantes para a área que mais atrai você, comece a procurar bons cursos de especialização, que vão suprir as lacunas dos conhecimentos que precisará para sua apuração diária. Esse tempo vai depender de pessoa para pessoa. Pode ser um ano, cinco, dez. Você mesmo perceberá o que faz falta em sua formação e, com um foco bem definido, poderá buscar cursos de especialização que possam atender às suas necessidades profissionais de verdade.

Lembre-se: o que interessa (a você, ao editor, aos chefes) não é o fato de ter uma especialização, um mestrado. Mas que você tenha domínio sobre uma área de conhecimento que pode ser usada para aprimorar seu trabalho jornalístico. Para ter certeza do que é necessário para adquirir esse domínio, é preciso ter trabalhado, ter tido experiências que apontem suas deficiências.

Se você gosta de uma área e quer se aprofundar nela, especializar-se é um caminho natural e útil. Mas o contrário não vale. Não adianta fazer um curso para ver se aquela é sua área favorita. Quem aconselha é o jornalista João Batista Natali, que falou sobre jornalismo internacional para o blog.[8]

"Há algumas condições prévias para quem deseja entrar na área. A principal delas é a curiosidade e/ou a politização. O jornalista, como cidadão, precisa ter o mapa-múndi na cabeça e saber quais questões o apaixonam (a causa palestina, o socialismo, o problema da Caxemira, a questão camponesa no México ou qualquer coisa ligada aos Estados Unidos).

Nenhum curso é capaz de transformar um jornalista indiferente em alguém curioso."

Troque "jornalismo internacional" por qualquer outra área e veja como essa regra é universal. Um curso de especialização só vai valer a pena para o jornalista motivado por aquela área, já com um interesse prévio (por exemplo, as leituras durante a faculdade, de que falamos antes), com interesse genuíno em aprender aquilo. Caso contrário, será perda de tempo e de dinheiro.

Por falar em dinheiro, um leitor do blog queria se especializar em jornalismo multimídia. Sem dinheiro para pagar um curso, aproveitou o tempo livre das férias e montou seu próprio programa de estudos. Procurou saber qual a bibliografia mais indicada, descobriu sites, encontrou livros gratuitos na internet. Como estava com disposição para aprender, e não para ganhar certificados, colocou a mão na massa e ainda criou um blog para dividir com os outros o que estava aprendendo.

Se você acha que não tem disciplina suficiente para fazer algo parecido, comece descobrindo formas de se organizar. Crie uma tabela com um cronograma e defina quantos capítulos ou livros consegue ler por dia. Estabeleça prazos e quantidades que conseguirá realizar – do contrário, pode vir a ficar frustrado e desanimar logo nos primeiros dias. (Veja mais dicas de como se organizar no capítulo 12.)

De qualquer forma, não adianta nada estudar se não tomar outras providências para complementar os estudos. É preciso ter em mente que especialização não é apenas estudo. Além do conhecimento formal, você precisa:

- acompanhar o noticiário da área;
- entender como funcionam as instituições relacionadas à área;
- saber quem são os principais personagens e fontes daquela área;
- ganhar experiência na cobertura, aprender com as dificuldades e erros e descobrir quais são suas lacunas.

Veja a seguir dicas específicas para cada área de especialização.

Jornalismo econômico
Este caminho pode ser útil para qualquer especialização.

1. Leia atenta e diariamente o noticiário de economia de um grande jornal. Quando estiver mais familiarizado com o tema, acompanhe também algum jornal especializado (o *Valor Econômico* ou *Wall Street Journal*, por exemplo).
2. Faça um curso básico de economia para jornalistas. Você vai conhecer futuros colegas, professores que poderão se tornar boas fontes e poderá descobrir o tamanho da sua ignorância naquele assunto que quer cobrir. Alguns órgãos ofertam esse tipo de curso com frequência: Federações de Comércio, Bovespa, FGV, Ibmec.
3. Tente propor pautas e fazer reportagens ligadas a economia desde a época da faculdade. Ainda na faculdade, se existir professor de jornalismo econômico, grude nele: peça dicas de leitura, dê seus textos para ele corrigir.
4. Procure estágios ou trabalhos em jornais menores, sites e revistas que possibilitem trabalhar com jornalismo econômico, para você ir ganhando mais desenvoltura.
5. Mesmo trabalhando na área, não pare de se aperfeiçoar. Faça cursos mais avançados de especialização em economia e mantenha-se sempre informado a respeito.

Jornalismo internacional

Diz a repórter especial Claudia Antunes,[9] que foi editora de Mundo da Folha: nem sempre a especialização em relações internacionais é a melhor para um jornalista. Ela costuma ser muito teórica. Às vezes uma especialização em história, economia e ciência política é mais útil. Principalmente história. "As principais teorias das relações internacionais baseiam-se em pensadores muito presentes também na ciência política e nas ciências sociais em geral, como Hobbes, Kant, Gramsci", ela acrescentou.

Outras dicas, agora do repórter Raul Juste Lores,[10] que, como no item sobre "jornalismo econômico", servem para todas as áreas.

1. Conheça alguns idiomas, no mínimo inglês e espanhol, para ler diariamente publicações estrangeiras.
2. *The Economist*, *The Guardian*, *New York Times*, *Financial Times*, *El País*, *El Mundo*, *La Nación*, *Clarín*, *El Tiempo*, *Semana*, *Independent*, *Vanity Fair*, *Monocle*, *Foreign Policy*, *China Daily*, *Caixin*, *South China Morning Post* e sites como o Huffington Post e Daily Beast, entre outros, são leituras obrigatórias para um repórter da editoria internacional.
3. Essas publicações possuem textos bem escritos e informativos – e a gente aprende lendo. Grandes colunistas, alguns dos maiores intelectuais do mundo, colaboram regularmente para esses jornais e revistas.
4. "Essa leitura diária é fundamental para conhecer os personagens e principalmente as histórias que se repetem, aprender a narrativa, a trajetória de governos, oposições, debates globais (meio ambiente, terrorismo, direitos civis, questões territoriais)." Quando menos espera, alguém lhe manda escrever sobre Honduras ou Afeganistão, e você deve estar minimamente preparado.
5. É bom se interessar por diversos assuntos da área, mas precisa de um foco. Tente descobrir do que você gosta. De Oriente Médio? África? América Central? Mergulhe em obras de referência, livros recentes, nos mais variados cursos, cole em especialistas. "Até virar um."
6. Viaje o máximo que puder. "Quanto mais você viaja e conhece outros países, mais à vontade fica para descrevê-los. Vale viajar de mochila

entrevista
Maria Cristina Fernandes

Sempre soube que queria estudar mais

Quando sentiu que era o melhor momento para se especializar?
Fiz duas faculdades ao mesmo tempo – jornalismo na Universidade Católica de Pernambuco e história na Universidade Federal de Pernambuco. Desde a época da faculdade sabia que queria estudar mais. E comecei a buscar pós-graduação.

Mas queria vir para São Paulo antes, pôr o pé no mercado de trabalho para depois sair para estudar. Ao terminar história, deixei o *Jornal do Commercio* e cheguei a São Paulo em 1990.

Depois de dois anos entre a *Gazeta Mercantil* e a *Veja*, fui fazer fazer dois mestrados, um de governo comparado, na Universidade de Paris I (Panthéon-Sorbonne) e o outro de América Latina na Universidade de Londres.

Chegou a fazer estágios durante a faculdade?
Como fazia dois cursos de graduação ao mesmo tempo e estudava francês, os estágios ficavam meio prejudicados, mas entrava em concursos de reportagem para estudantes e sempre dava um jeito de circular nos cursos e seminários que os jornais ofereciam. A TV Globo, por exemplo, recrutava estudantes de jornalismo na época das eleições, e eu participei de uma delas.

Chegou a fazer intercâmbios?
No último ano da faculdade ganhei uma bolsa do governo americano para um curso sobre jornalismo político durante a campanha presidencial de 1988 (Bush x Dukakis).

Como foi a experiência?
Era a única brasileira num grupo de quase 20 jovens jornalistas de vários países que percorreu os Estados Unidos da costa leste a oeste durante cinco semanas. Participávamos de seminários em universidades, visitávamos Redações de jornais, assistíamos a comícios e fazíamos entrevistas com candidatos.

Ao final, tínhamos que apresentar um trabalho final, tipo matéria es-

pela América Latina, onde a maioria dos países tem custo de vida muito mais baixo que o Brasil; na Europa, comprar Europass ou, com antecedência, conseguir passagens aéreas nessas linhas de baixo custo (EasyJet, Ryanair e outras companhias têm passagens a 40, 50 euros para toda a Europa, dá para fazer reservas pela internet). Buscar programas de intercâmbio para morar ou estudar nos Estados Unidos; e fazer todo o tipo de bicos, economizar, trabalhos temporários, pedir empréstimo aos pais para conhecer a Ásia, a nova fronteira do globo, o continente

pecial, com um tema a nossa escolha. O meu foi sobre o baixo comparecimento do americano nas eleições.

Maria Cristina Fernandes é jornalista desde 1989. É editora de política e colunista do *Valor Econômico*. Trabalhou na *Época*, na *Gazeta Mercantil*, na *Veja* e no *Jornal do Commercio*. Formada em jornalismo e em história, tem mestrado em política latino-americana pela Universidade de Londres e em política comparada pela Universidade de Paris I (Panthéon- Sorbonne).

Na íntegra da entrevista, Maria Cristina Fernandes diz o que fez para aproveitar a faculdade ao máximo, conta como começou na carreira e relata uma difícil cobertura de política feita aos 23 anos: http://is.gd/biSue.

É a quinta da esquerda para a direita, aos 21 anos, com um grupo de jornalistas do intercâmbio promovido pelo governo americano, em 1988, na Universidade de Berkeley.

que mais cresce em todos os sentidos, e que o jornalismo brasileiro ainda cobre superficialmente. Entendê-la será um diferencial."

Jornalismo político
1. Cursos de graduação em história, ciências sociais, direito ou economia podem ser bem úteis. Mas uma pós-graduação na área é mais útil.

2. Mergulhe em livros de história do Brasil. Você precisa dominá-la.

3. Entenda como funcionam as legislações.
4. Conheça bem os políticos e os partidos, saiba quem está liderando, quem se destaca na política, quais são os panoramas. Procure conhecer o rosto dessas pessoas públicas, para não perder a chance de abordá-las durante algum evento político.
5. A leitura atenta do noticiário político e das colunas e análises vai ajudar nos dois itens acima.

A dica do ex-editor de Brasil (antigo nome do caderno Poder) da Folha, Fernando de Barros e Silva,[11] é que, antes de qualquer especialização, a pessoa procure se aprimorar intelectualmente:

"Aproveitem para estudar porque a vida passa rápido e a hora de aprender ainda é agora. Estudar história, do Brasil e geral, com algum método e disciplina, e ler bons autores, gente que sabe escrever português. Machado de Assis, Graciliano, mas também Antonio Candido, Paulo Emílio, Gilberto Freyre e Sérgio Buarque.

Isso basta? Não, não basta, mas ajuda a evitar danos futuros. Se não servir para a profissão, serve para a vida. Jornalistas não são escritores – sabemos disso –, mas a palavra escrita é seu instrumento de trabalho."

Jornalismo cultural
1. Leia muito sobre a área que vai cobrir: história da arte, história da música, história da literatura etc.
2. Mas também vivencie bastante aquela fatia cultural que você pretende cobrir. Se for cobrir teatro, vá a peças teatrais, de todos os tipos, pelo menos três ou quatro vezes por semana. Se cobrir cinema, veja todos os filmes que estão em cartaz, participe dos festivais de filmes fora do circuito. Se quiser cobrir música, compre CDs, sintonize nas rádios e vá a shows de diversos gêneros. Adquira repertório.
3. Fique atento ao que pode ser uma nova tendência musical, teatral, de artes plásticas.
4. Leia também os críticos das áreas, para, com eles, aprender a fazer suas críticas.

5. Faça cursos de música erudita, rock, música brasileira e outros da área que quiser cobrir.

Jornalismo de informática e tecnologia

- Visite dezenas de sites, participe de fóruns, leia bastante sobre o assunto. Aproveite o fato de que a internet é rica de bibliografia a respeito, gratuita.
- Baixe os softwares e os produtos e fique por vários dias usando, fuçando e experimentando o programa.

6 Quando é hora de fazer estágio

Muitos estudantes acabam de entrar na faculdade e já começam a procurar estágios. Ficam ansiosos para preencher os currículos e mostrar que têm experiência.

Mas nem todo estágio vale a pena. E nem sempre compensa estagiar.

Levando em conta o que dissemos no capítulo 4, o estágio, assim como qualquer outra experiência pela qual o jornalista opte (viagens, trabalho em outra área, bolsas no exterior, frilas etc.), tem que ter um objetivo principal: enriquecer a formação pessoal e profissional.

Se em seu estágio você só atua como assessor de imprensa, e seu maior objetivo é trabalhar nas Redações, ele não está ajudando muito. Não atrapalha, porque é sempre útil saber como funciona o "lado de lá do balcão", mas você não estará exercendo as atividades fundamentais de apuração e produção de um texto jornalístico, já que os objetivos da assessoria são muito diferentes.

Ajuda menos ainda aquele estágio em que os estudantes só servem cafezinho ou tiram xerox: ou seja, não aprendem rigorosamente nada, não contam com orientações de um profissional, não se desenvolvem na área em que pretendem trabalhar pela vida afora.

O estágio pode ser uma fria quando:

- seus colegas o perseguem ou sabotam seu trabalho, porque o consideram um rival;
- a maior parte das suas tarefas não é jornalística;
- ninguém lhe dá orientações nem critica seu trabalho.

Uma forma de evitar desastres como esse é se informar sobre a empresa em que pretende estagiar e ouvir dos atuais e ex-estagiários o que acham do lugar, se vale a pena investir seu tempo indo para lá.

O bom estágio deve proporcionar os seguintes benefícios:

- experiência nas diversas etapas de um trabalho jornalístico;
- orientação de um tutor, para que seus erros sejam apontados e seu trabalho melhore;
- possibilidade de errar e aprender com esses erros;
- possibilidade de fazer vários exercícios e também assumir a responsabilidade por trabalhos;
- acompanhamento de jornalistas mais experientes em seus trabalhos, para aprender com eles;
- contatos com futuros colegas, para formar sua própria "rede de relacionamentos".

É importante notar que o objetivo principal de um estágio é aprender; portanto, a remuneração não é fundamental. É claro que o peso de uma bolsa vai depender do quanto você precisa daquele dinheiro, mas, para sua formação, mais vale um estágio gratuito que ensine muito do que um estágio polpudo que não ofereça nenhuma oportunidade de testar conhecimentos na área em que pretende trabalhar.

É você que precisa correr atrás dessas opções e construir seu próprio caminho: recusar as ofertas que não convenham aos seus planos e insistir em outras que considere importantes para seu futuro profissional.

Você precisa se perguntar o seguinte:

- Nos possíveis estágios, vou aprender realmente jornalismo?
- Os possíveis estágios são em veículos nos quais quero trabalhar depois?
- Vai sobrar tempo para ler, aprender mais, conhecer o mundo?
- Há outras formas de ganhar experiência e aprender na própria faculdade?

Se a resposta para a última pergunta for positiva, você pode ponderar quais são as formas de experiência que vão lhe trazer mais benefícios. E, se for o caso, trilhar outros caminhos. Não tenha medo de voltar atrás, porque a época da faculdade é justamente para tentar e errar e experimentar de novo. Dependendo da idade, você ainda pode mudar de caminho várias vezes.

Outras formas de complementar sua formação durante a faculdade:

- oferecendo frilas;
- viajando por conta própria;
- fazendo intercâmbio/bolsa de estudos fora do país;
- enriquecendo sua leitura;
- fazendo uma formação complementar em seu curso, ou segunda graduação;
- trabalhando em outras áreas.

Não há um caminho melhor do que o outro. Tudo vai depender dos seus objetivos, do seu pique, de como é seu curso, de como você se organiza e consegue administrar seu tempo, dentre vários outros fatores.

Mas não é impossível, por exemplo, aprender habilidades úteis para o jornalismo trabalhando em outras áreas. Se você gerencia a loja do seu pai, por exemplo, aprende a lidar com as pessoas, a gerenciar problemas em curto tempo, a ouvir reclamações e dar soluções aos clientes, a administrar dinheiro, a falar de assuntos difíceis de maneira profissional (por exemplo, ao cobrar mercadoria atrasada ou dívida de fornecedor e de cliente).

Todas essas são habilidades interessantes para repórteres (que devem saber fazer entrevistas sobre assuntos delicados), para fechadores (que precisam trabalhar sob pressão), e para editores (que precisam assumir responsabilidades, gerenciar uma equipe, administrar o orçamento da editoria e responder diretamente aos questionamentos das fontes e dos leitores).

O jornalista Robert Niles escreveu sobre isso para o site *The Online Journalism Review*:[12]

"Todo estudante de jornalismo precisa gastar pelo menos alguns verões trabalhando em outra área, aprendendo como é o trabalho de outras pessoas."

Ele supõe que isso vá trazer conhecimentos e experiências tão enriquecedoras para o jornalista quanto os cursos e estágios na área. Ele próprio, quando estudante, passava as férias trabalhando na Disney. "Nunca pensei que aquele trabalho viria a afetar minha carreira como jornalista, mas aquela experiência me levou a criar um site com notícias sobre parques temáticos que se tornou minha primeira fonte de renda."

Um leitor do blog Novo em Folha contou como aproveitou o estágio para aprender e se firmar na profissão:

"Quando entrei no curso de jornalismo, eu já me identificava com a profissão. Mesmo assim, tinha medo de não gostar. Após algum tempo, a coordenadora do curso me chamou para fazer estágio na própria faculdade. Não era remunerado, mas aceitei o desafio. Lembro que na época tinha que trabalhar em um emprego de meio período para pagar a mensalidade e depois ia para a agência de comunicação da universidade e ficava para a aula.

Essa experiência durou um semestre, o tempo máximo que eu poderia ficar lá. Depois fui indicado para uma emissora de televisão. Aliás, uma grande emissora, isso no segundo ano de faculdade.

Fui estagiário lá por quase um ano; no início eu deveria carregar fitas, ajudar os editores no que eles me pedissem. Até aí eu não escrevia nada. Comecei a pegar os relatórios da escuta e transformá-los em cabeças de matéria, para treinar o texto mesmo. Fiz amizades e logo fui ajudado por uma colega que conversou com um dos chefes para eu poder escrever. Ele me deu uma chance. Na ocasião eu podia fazer off vivo, nota coberta e pequenas notinhas 'secas', sem imagem.

'Colei' em jornalistas experientes. Pedia para eles corrigirem meus textos, conversava bastante, observava o trabalho e pedia dicas. Daí em diante a editora-executiva de um dos telejornais da casa precisou que eu editasse uma matéria.

Era um VT bem legal tinha passagem, off, sonora... Ou seja, comecei a colocar matéria no ar. Depois me mandaram cuidar de links, fiz coordenação, aprendi bastante, mas saí da casa depois de aproximadamente um ano.

Fui convidado por um amigo da faculdade (ele estava no último ano e eu no terceiro) a fazer a comunicação da campanha de um vereador. Fizemos jornais de prestação de contas, folhetos e um vídeo.

Hoje eu estou em uma revista e tenho meus textos publicados mensalmente."[13]

Outro leitor, o Gabriel Ferreira, nos escreveu contando que começou a trabalhar em um banco, logo que entrou na faculdade, e sentia que estava marcando bobeira, porque poderia estar fazendo um estágio durante o horário de trabalho.

Algumas pessoas que passaram por situação parecida preferiram investir todo o tempo da faculdade em estágios, outras conseguiram conciliar frilas para jornais com os estudos e o trabalho. Algumas perguntas que poderiam ajudá-lo:

1. Sem o salário do banco, é possível terminar a faculdade?

Se dá, o conflito fica menor. É mais uma questão de decidir se prefere ganhar mais, mas ter menos tempo para se dedicar ao jornalismo, ou se está disposto a abrir mão do salário para investir exclusivamente na profissão que escolheu.

Antes de pedir demissão, porém, é bom fazer-se outras perguntas:

2. Você sabe que tipo de frilas poderia fazer? Já tem contatos para oferecê-los?

3. Se os frilas fracassarem, consegue voltar para o emprego?

Mas, se o salário do banco for fundamental para concluir os estudos e você não quiser correr o risco, ainda é possível tentar fazer frilas nos horários vagos, como fez, por exemplo, o Ricardo Gallo, que conta sua história no capítulo 4.

RELATO DA CRIS:
Passei por uma experiência muito parecida e, felizmente, os caminhos que escolhi ficaram de acordo com minhas metas pessoais, por isso troquei algumas mensagens com o leitor, inclusive por e-mail.

Minha resposta para a primeira pergunta era: eu não precisava do dinheiro do trabalho para pagar a faculdade, mas ele era essencial para meus planos de mudar de cidade e procurar emprego em São Paulo logo depois de formada.

Portanto, optei por conciliar faculdade, trabalho, estágio temporário e frilas ocasionais. Entrei no banco depois de um ano de faculdade e lá continuei até a formatura. Veja o que respondi ao colega:

"Uma coisa que sempre foi clara para mim: o banco era um emprego com data para terminar e essa data era a da minha formatura.

Foi uma experiência enriquecedora (nos dois sentidos da palavra) trabalhar enquanto estive na faculdade, e acho que me ajudou, sim, por incrível que pareça, a desenvolver habilidades que poderiam ser usadas como jornalista (isso rende, por si só, um longo post...).

Mas meu sonho sempre foi ser jornalista e isso nunca saiu da minha vista. Justamente por isso eu nunca concorri em concursos internos do banco para ser promovida a cargos em que eu poderia ganhar muito mais – a razão era simples: eu não queria fazer carreira no banco e, para conseguir fazer frilas e fazer bem a faculdade, precisava trabalhar seis horas por dia, nunca oito.

Se você puder trabalhar 6h/dia, é minha principal dica. Trabalhando seis horas ao dia, é possível fazer a faculdade (às vezes em horários alternativos, às vezes atrasando um ou dois semestres), trabalhar no banco e tentar alguns frilas.

Durante oito meses, fiz uma jornada de doido: aulas pela manhã, banco à tarde e estágio numa rádio entre 19h e 22h30 – ainda, ao mesmo tempo, fechando meu trabalho de conclusão de curso.

Antes disso, desde antes de entrar na faculdade, mantive um blog com atualizações constantes e posts que exigiam longas pesquisas, mas foram excelente treino jornalístico para mim. É claro que, para isso, precisei postar nos fins de semana etc.

Em outro período, durante quatro meses, varei madrugadas desenvolvendo um programa musical para a rádio, sem qualquer remuneração por isso. Também fiz algumas reportagens para um jornal de uma paróquia, durante mais de um ano.

Enfim, fiz muito menos frilas que meus colegas, mas agarrei todas as oportunidades que tinha nas poucas horas vagas e conciliei com o banco e a faculdade.

A mensagem que quero passar é uma só: concilie os três! Não largue o banco, até se formar, mas também não dedique muitas horas do seu dia a ele (faça um trabalho benfeito e profissional enquanto estiver lá dentro, mas tenha em mente que esse não é seu objetivo de vida).

Aproveite as horas vagas para fazer pequenos frilas que possam realmente lhe acrescentar algo, independente de lhe pagarem ou não (isso será valorizado quando você for procurar emprego de jornalista). E, se for preciso/possível, atrase alguns meses a formatura, para fazer seu curso com tranquilidade e aproveitá-lo melhor.

Você só tem 20 anos, é jovem e parece ser entusiasmado, então conseguirá lidar bem com a jornada tripla. E seu empenho com certeza será valorizado mais tarde.

Por fim: se estiver cansado do banco, não houver como trabalhar só 6h/dia por lá e surgir uma oportunidade razoável de estágio, pule fora!"

Esse é só um caminho que deu certo para mim e não necessariamente é o melhor. Não sei dizer se eu teria crescido e aprendido muito mais se tivesse seguido outros rumos. É bem possível. Mas esse foi o rumo que achei melhor à época.

A partir dele, é possível traçar um raciocínio comum para outras situações parecidas:

a) Tenha claro para você que aquele trabalho não é seu objetivo de vida, mas que deve usá-lo para, de alguma forma, atingir sua meta de se tornar jornalista. No meu caso, o objetivo final era ir para uma cidade onde eu acreditava que teria mais oportunidades – e juntar todo o dinheiro que pudesse para conseguir me sustentar durante e após a mudança.

b) O trabalho não pode atrapalhar a consecução do objetivo final, não deve impossibilitar a realização de sua meta. A promoção a gerente obrigaria a trabalhar oito horas por dia e o dinheiro ganho não compensaria a perda da qualidade de estudos e da possibilidade de fazer frilas.

c) *Fazer uma jornada tripla (das 7h às 23h) como a que eu fiz durante oito meses não é impossível. Existe uma diferença básica entre trabalhar muito e trabalhar em excesso: o grau de satisfação entre um e outro. É possível ser feliz trabalhando muito, principalmente quando esse trabalho excedente resulta num grande aprendizado, como o estágio na rádio universitária.*

d) *Fazer estágio só vale a pena se ele garantir o aprendizado de que falamos no começo do capítulo. Conversas com pessoas que haviam trabalhado na rádio foram decisivas, antes da inscrição para a vaga, pois deram a certeza de que aprenderia muito, tanto com as pautas e apurações, como com a orientação dos professores/editores. Assim, esse estágio de oito meses na rádio pode ter valido mais que três anos de estágios menos qualificados, em outros lugares. Estágios dentro da universidade costumam ter maior compromisso com a didática e o aprendizado.*

e) *Mesma coisa com os frilas: sacrifique seus fins de semana, madrugadas e intervalos para fazê-los, se achar que são boa oportunidade de aprendizado. Manter um blog também é um bom exercício de redação e análise, principalmente se você o fizer junto com um profissional muito experiente.*

f) *Se o trabalho no banco – ou em outro local – for por si só um "excesso" em sua vida, pondere sobre a possibilidade de ganhar menos e trabalhar mais naquilo que você gosta. Eu não gostava do trabalho no banco e trabalhava muito lá, mas, enquanto ele me garantia a orquestração de um plano maior, optei pela persistência. Se eu tivesse sido obrigada a trabalhar oito horas por dia, ou obrigada a fazer o trabalho que mais me deixaria infeliz lá dentro (o de caixa), teria voltado atrás e partido para o plano B (ou C, ou D...).*

Você pode perguntar: mas se estava em seus planos trabalhar em jornal impresso, por que perder tempo fazendo estágio em rádio?

Na verdade, nem sempre vale a pena fazer estágios somente naquele meio em que se pretende trabalhar.

Sempre vai depender da vaga que você pleiteia, do que o editor quer naquele momento. Se ele precisa de alguém com muita experiência, vai

entrevista
Bob Fernandes

Bati no portão, na cara dura

Conseguiu exercer a reportagem ainda na faculdade?
Comecei a trabalhar ainda estudando. Tive dois estágios, quase que ao mesmo tempo, um deles cobrindo artes e espetáculos na assessoria de imprensa da reitoria, que servia para pagar a bolsa de estudos do governo.

E também comecei a trabalhar como estagiário na Rádio Jornal do Brasil, sucursal de Salvador, no segundo ano.

Depois trabalhei na sucursal Bahia/Sergipe da revista *Veja* – dois anos e meio, sendo um ano e meio como estagiário.

Como estagiário, fazia as mesmas coisas que um repórter efetivo?
Absolutamente tudo, inclusive plantão.

Então foi grande o aprendizado?
Enorme. A sucursal unificada do *JB*, jornal e rádio, era muito forte, com profissionais muito bons.

Como você conseguiu esse estágio na Rádio JB logo no começo da faculdade e sem experiência nenhuma?
A rádio ficava num bairro muito distante, Pernambués. Soube da rádio, era muito antenado, peguei um ônibus, fui até lá, bati no portão, e assim foi, na cara dura. Não tinha nem inaugurado.

A rádio tinha locutores que liam os boletins redigidos por nós. A primeira notícia foi sobre a morte de um frade do mosteiro de São Bento, muito importante à época porque dava abrigo a refugiados da ditadura, e foi a primeira notícia importante do dia em que a rádio entrou no ar e foi minha. Então já entrei trabalhando desde o começo, tanto que com três meses de estágio me profissionalizaram.

Teve algum processo de seleção?
Não sei, não existiam "processos de seleção" como os de hoje. Na *Veja*, teve. Éramos dois repórteres para disputar uma vaga.

Como foi esse processo?
Dei sorte. Fiz uma matéria legal logo na primeira noite e outra com uns 15 dias, e a disputa pela vaga que deveria durar dois meses se resolveu em duas semanas. Dei sorte e o cara deu azar.

O Luís Carlos Prestes chegava ao Brasil e foi fazer uma palestra em Salvador. Eu, vindo do Rio, onde morei um ano, soube da vaga e fui falar com

valorizar mais quem trabalhou vários anos num mesmo tipo de veículo. Se preferir alguém cheio de gás, versátil e dinâmico, já é preferível que você tenha algum conhecimento de todos os veículos.

Quem tem mais experiência em impressos costuma ser valorizado por todos os veículos, porque possui mais prática com texto. Por outro

o Ricardo Noblat, a quem não conhecia, na mesma noite.

Ele ia à palestra do Prestes e disse: "Fica tomando conta da sucursal. Se houver emergência, me avisa amanhã cedo".

Logo que ele saiu, estourou a notícia de que tinha fugido da cadeia o Comissário Quadros, ex-chefe do esquadrão da morte. Imediatamente liguei pro editor nacional, expliquei qual era minha situação ali e disse: "Se quiser, mando logo hoje". Acho que ele estranhou a situação. Respondeu: "Se você conseguir...".

Pesquisei o que havia sobre o personagem – lembre-se de que não existia Google, era tudo arquivo. Juntei com a informação básica que apurei naquela noite, consolidei o material e mandei.

Minha segunda matéria de teste também ficou boa, e meu concorrente não teve tanta sorte.

Bob Fernandes é jornalista desde 1978. Começou na Rádio Jornal do Brasil. Foi repórter da *Veja*, repórter especial do *Jornal do Brasil* e da *Folha* e diretor e correspondente da *IstoÉ*. Foi um dos fundadores da *Carta Capital*, onde ocupou o cargo de redator-chefe. É editor-chefe do Terra Magazine Brasil, autor do livro *BoraBahêeea!: A História do Bahia Contada por Quem a Viveu* e coautor do livro *O Complô que Elegeu Tancredo*.

Na íntegra da entrevista, Bob Fernandes detalha seu processo de contratação pela *Veja*, diz qual era sua principal lacuna nos tempos de foca, aponta qual característica acha que um iniciante deve ter para ser bem-sucedido e diz que não sentiu dificuldades para se adaptar na migração do jornal para rádio, TV e internet: http://is.gd/biSCj.

Em dezembro de 1984, com Risoleta e Tancredo Neves, na Fazenda da Mata, em Minas Gerais.

lado, em tempos de investimento em multimídia, com jornais impressos cada vez mais integrados a suas versões on-line, ganham pontos os candidatos que souberem usar programas de edição de fotos, áudio e vídeo.

Não há "resposta certa". Por isso, se você ainda não tiver feito um plano de estágios – ou se, como no caso acima, não tiver muito tempo a gastar com várias opções de estágio –, invista naquele em que acha que vai aprender mais. (Saiba mais sobre essa questão no capítulo 13.)

Aliás, o aprendizado é um motivo importante para que os jovens busquem estágios. Em 2007, segundo o caderno Empregos da Folha, uma pesquisa realizada pelo Núcleo Brasileiro de Estágio mostrou que "39% de 443 jovens entrevistados consideraram a aquisição de conhecimentos relevantes o principal motivo para participar de um programa de estágio".

Portanto, a opção pelo estágio em rádio teve sua razão de ser, porque lá foi possível praticar muito (trabalhando, na rua, ao lado de profissionais bastante experientes de outras rádios da cidade), passar por dificuldades e aprender a lidar com elas, começar a montar uma agenda de fontes e fazer contatos.

Outra vantagem daquele estágio é que tive a oportunidade de trabalhar na ronda (escolhendo as possíveis pré-pautas do dia seguinte), na produção, na reportagem e ajudando os editores. Ou seja, conheci diferentes etapas do fazer jornalístico – sempre com a dinâmica veloz do rádio – que muitas vezes pauta a internet, a TV e os jornais.

Também foi um excelente aprendizado o fato de ter participado de grandes coberturas (como as eleições) e feito plantões.

E é possível saber tudo o que você vai encontrar num determinado estágio seguindo aquela dica básica de conversar com alguém de confiança que já trabalhou lá.

Se não conhecer ninguém na empresa para se informar previamente sobre a oportunidade de estágio, faça as perguntas durante o processo seletivo para aquela vaga. Não tenha medo de questionar todos os detalhes do estágio – por exemplo, se seu trabalho será supervisionado por alguém disposto a corrigir seus erros.

Seu recrutador só vai achar ruim ouvir todas essas perguntas se a empresa estiver interessada apenas em mão de obra barata, não em alguém disposto a aprender e crescer profissionalmente. Esse tipo de empresa não vai lhe interessar, certo?

Em 2007, a consultoria Great Place to Work fez um levantamento entre as cem empresas eleitas como as melhores para se trabalhar e constatou que existiam vagas de estágio em 98% delas, mas só em 20% o programa era bem estruturado. Imagine nas cem empresas piores para se trabalhar...

Como você já sabe que seu objetivo é aprender, descarte esses 80% inúteis.

Um ano depois

Quase um ano depois de ter escrito para dividir sua dúvida sobre a saída do banco, o leitor Gabriel entrou em contato de novo – dessa vez para contar qual decisão tomou e o que resultou dela.

"Muita coisa mudou e mudou muito rápido. Em dezembro, por indicação de uma amiga, vim trabalhar em uma pequena editora. O salário era menos que a metade do que eu recebia no banco, mas, como já estava decidido a sair, fiz uma boa poupança para me ajudar a complementar as necessidades básicas. É lógico que no começo fiquei com medo de ter tomado a decisão errada (já que para voltar a trabalhar no banco teria que prestar novo concurso), mas em pouquíssimo tempo vi que tinha tomado a decisão certa.

Desde então, já participei de coberturas importantes (como a aquisição da Casas Bahia pelo Grupo Pão de Açúcar), participei de diversas coletivas de imprensa (inclusive da deliciosa coletiva de Páscoa da Abicab) e, o mais importante, conheci muita gente nova (tanto fontes como colegas).

Na semana passada recebi uma nova proposta de trabalho, também por indicação daquela amiga, agora para trabalhar na editora Abril. Esse fato, além de ter me deixado muito feliz, afinal vou ganhar mais e trabalhar em uma empresa que é o sonho para muitos jornalistas, me comprovou que eu tomei a decisão correta em sair do banco. Tinha uma carreira absolutamente promissora, mas não seria feliz. Agora sei que também tenho um futuro promissor (mesmo que o crescimento seja mais lento que no banco) e que, de quebra, serei bem mais feliz."

Comparando o relato do Gabriel e o da Cris, é possível ver que duas escolhas totalmente diferentes podem levar a um "final feliz" – o que só comprova que não há respostas certas ou erradas em se tratando de trajetórias profissionais.

7 Viajo ou procuro trabalho?

Especializar-se ou fazer estágios são preocupações precoces de quem está entrando na faculdade, mas quem está saindo dela também tem suas dúvidas prediletas.Uma delas é a vontade que dá de aproveitar esse momento para conhecer o mundo e o medo de que isso adie demais ou estrague para sempre suas chances de dar certo na vida profissional.

Para ajudar a refletir, vamos lembrar que três fatores contribuem para o sucesso de um jornalista: talento, experiência e conhecimento.

O talento é a soma das qualidades que uma pessoa tem, que podem ser mais ou menos interessantes para quem quer mexer com jornalismo.

O conhecimento e a experiência a gente adquire ao longo da vida e, quanto mais você tiver dos dois, maiores as chances de conseguir um trabalho depois que sair da faculdade.

Há várias formas de adquirirmos essas duas coisas: na faculdade, em cursos, em estágios, em trabalhos e também em viagens.

Durante viagens, você pode aprender novas línguas, desenvolver sua capacidade de pensar e oferecer pautas, exercitar sua habilidade para trabalhar como frila e, o mais importante de tudo: vai aprender a se virar.

Por isso, muitas pessoas optam por viajar em vez de procurar trabalho logo depois que se formam. É uma opção com vários benefícios, embora não sem riscos.

Se você se organizar ao máximo para minorar os riscos, a viagem poderá agregar experiência de vida, habilidade jornalística e conhecimento do país ou da região em que você vai morar.

Antes de fazer as malas, adote as seguintes precauções:

entrevista
Laurentino Gomes

Viajar é uma das formas mais práticas e eficientes de aprender

O que fez para complementar sua formação?
Infelizmente, não tive chances de fazer intercâmbio, morar no exterior ou viajar. Comecei a trabalhar como estagiário no segundo ano do curso.

Meu grande aprendizado se deu, portanto, no dia a dia das Redações, com editores e colegas mais velhos que tiveram a paciência de me ensinar o que sabiam. Tive a chance de trabalhar com alguns dos melhores editores da minha geração, como José Roberto Guzzo, Elio Gaspari, Dorrit Harazim, Tales Alvarenga, Mario Sergio Conti, Augusto Nunes, Ricardo Setti e João Victor Strauss. A lista é enorme, tanto quanto minha dívida de gratidão.

Recomenda que estudantes viajem, em vez de partir direto para o mercado de trabalho?
Acho que viajar é uma das formas mais práticas e eficientes de aprender. O mundo mudou muito nos últimos anos, e hoje é fundamental que os jovens repórteres tenham uma boa experiência internacional antes de entrar na profissão.

Inglês fluente é imprescindível. Se dominar mais uma ou duas línguas – de preferência espanhol e francês – melhor ainda.

Tenho quatro filhos e sempre estimulei todos eles a viajar, fazer intercâmbio e cursos no exterior. Afinal, vivemos numa aldeia planetária.

Quais eram suas principais lacunas naquela época e o que fez para preenchê-las?
A principal lacuna era a falta de inglês fluente e uma certa visão limitada do mundo pela falta de oportunidade de viajar na juventude.

Tive enormes dificuldades com isto durante todos os meus 32 anos de carreira profissional. Como nunca morei no exterior na juventude, fui obrigado a estudar inglês a vida toda. O problema só se resolveu mesmo quando decidi entrar num prolongado curso de imersão, no interior de São Paulo, seguido de um curso na Inglaterra.

Além disso, leio muitos livros em inglês. Por isso, hoje meu domínio do idioma é razoável. Tenho bom vo-

- faça contatos com veículos e editorias que poderão se interessar pelas pautas que você vai apurar durante a viagem. Marque uma conversa com o editor de Mundo e Turismo de vários jornais, rádios e sites, e ofereça seu trabalho e seus contatos;
- defina um trajeto certo, comum cronograma de datas, e avise a esses

cabulário, leio e ouço perfeitamente, mas ainda enfrento alguma dificuldade ao falar.

Laurentino Gomes, paranaense de Maringá, é autor do livro *1808*, sobre a mudança da família real portuguesa para o Brasil 200 anos atrás. Formado em jornalismo pela Universidade Federal do Paraná, tem pós-graduação em administração pela Universidade de São Paulo e cursos de especialização na Inglaterra e nos Estados Unidos. Trabalhou como repórter e editor para alguns dos principais veículos de comunicação do Brasil, incluindo o jornal *O Estado de S. Paulo* e a revista *Veja*. Foi diretor editorial e diretor-superintendente da Editora Abril.

Na íntegra da entrevista, Laurentino Gomes diz que, antes de atuar como jornalista, também trabalhou como jardineiro, sapateiro e em outras quatro profissões. Diz que seu curso não era dos melhores, mas ele conseguiu aproveitar a faculdade com a leitura. Conta como foi sua primeira entrevista de emprego e como começou a carreira. Fala sobre o trabalho do freelancer e quais as características mais importantes para um jornalista: http://is.gd/biT0t.

Recém-formado no Paraná (de camiseta branca de óculos sentado, à direita).

editores, para que eles possam contar com você em determinado lugar caso precisem;
- pesquise ao máximo os costumes dos países ou da região que você quer visitar, anteveja dificuldades que poderá encontrar;
- faça contatos naquele país ou região antes da viagem;

■ crie um blog para relatar tudo sobre aquele país ou região (com fotos e vídeos) e replicar as matérias que você conseguir emplacar de lá.

Não há uma época certa ou ideal para fazer sua viagem e cada um tem sua história. Mas, quanto mais velho você vai ficando, mais responsabilidades podem surgir para prendê-lo em sua cidade no Brasil: casamento, filhos, atração pela estabilidade adquirida no emprego etc.

Quando você acabou de se formar e ainda não tem nenhum emprego, fica mais fácil se aventurar pelo mundo e há mais tempo para arriscar e errar e voltar atrás, se for preciso.

O jornalista Gabriel Toueg, por exemplo, decidiu se mudar para Israel em 2004, quando tinha 25 anos, e levava na bagagem muita curiosidade pelo Oriente Médio e alguma experiência. Ele não tinha nenhum parente lá, nem qualquer oferta de emprego. Foi com a cara e a coragem. Dois anos depois, em 2006, já tinha contatos para frilas no Brasil e no exterior. Ele foi, durante um ano e meio, o correspondente em Israel da Rádio França Internacional (RFI), serviço francês similar ao da BBC inglesa.

Cinco anos depois de se mudar para o novo país, o jornalista sabia falar e escrever em hebraico e começou a aprender árabe, que também é idioma oficial de Israel e falado por pelo menos 20% da população. Ele foi então contratado por uma empresa israelense para compor a Redação de um site, em espanhol, voltado para aficionados em novelas latino-americanas, sucesso entre os israelenses.

Foi conseguindo, aos poucos, fazer frilas para vários importantes veículos no Brasil.

Se, aos 30, ele quisesse voltar ao Brasil, teria um diferencial em relação a vários jornalistas de sua idade.

Aliás, essa é outra dúvida comum: depois de ficar um tempão no exterior, sem experiências em jornais brasileiros, quais são as chances de conseguir um emprego?

Impossível prever, mas o principal é você mostrar ao empregador que voltou da viagem com uma bagagem muito mais rica que a de jornalistas da mesma idade que nunca viajaram.

Por exemplo, veja o que disse para o blog Novo em Folha a jornalista Ivy Farias, que passou mais de dois anos entre Estados Unidos, Suíça e França.

"Achava que encontraria todos os meus amigos numa melhor situação que a minha, mas me enganei: hoje somos todos repórteres do mesmo nível, desempenhamos o mesmo trabalho da mesma forma. Mas eu tenho três línguas e uma vivência de bônus que me permitem ir para várias áreas ou até fazer coisas fora do jornalismo, como tradução, intérprete, secretária trilíngue, professora..."

Os ex-trainees da Folha Maurício Horta e Willian Vieira fizeram um caminho inverso: depois de trabalhar um tempo no jornal, decidiram largar o emprego e montar uma excursão que vai passar por 17 países da Ásia em um ano. Além da China, Índia e Israel – países com grande potencial de pautas em veículos não especializados –, também vão ao Arzebaijão, Laos e Camboja, por exemplo.

E o plano deles é sobreviver só com os frilas. Por isso, saíram do Brasil já com contatos em vários veículos e, desde então, mantêm um blog cheio de fotos e com textos em português e inglês (http://24tz.wordpress.com), além de um Twitter (@24tz) com os pequenos relatos do país em que estão no momento.

8 Como é um processo de seleção – currículos, prova, entrevista

Cada empresa tem seu próprio processo para selecionar candidatos (e vamos contar como funcionam alguns dos principais veículos brasileiros um pouco mais adiante), mas, em geral, há três fases:

1. seleção de currículos;
2. testes;
3. entrevistas.

Em todas, os editores estarão tentando identificar ao menos um dentre três classes de candidatos:

- os que estão mais bem preparados para aquela tarefa;
- os que têm mais experiência naquela função;
- os que têm mais potencial para crescer.

Vamos detalhar como se preparar melhor para cada uma dessas etapas, mas não há fórmula que garanta a contratação. O que importa é aproveitar cada processo seletivo para tornar-se conhecido pelos editores, apresentar-se, ter uma chance de mostrar seu trabalho.

Pode não render uma contratação imediata, mas, se você se preparar bem, aumentará as chances de que seu nome seja lembrado no futuro ou mesmo no presente, para trabalhos freelancer.

Esse precisa ser seu objetivo principal: mostrar quais são as suas qualidades e por que o jornal sairia ganhando se o chamasse.

Numa ocasião, a Folha estava com três concursos abertos e a Editoria de Treinamento recebeu um e-mail dizendo mais ou menos assim: "Estou desempregado já há vários meses e com vários problemas na família, preciso muito deste emprego, estou tentando fazer frilas, mas não está sendo suficiente...".

Não há muitas regras do que funciona numa seleção, mas sobre o que não dá certo temos algumas certezas. Uma delas: introduções desse tipo são tiros no pé.

É compreensível que as pessoas se desesperem quando tentam achar trabalho e não conseguem. Mas o editor, por mais que se condoa, vai escolher o candidato que ele acha que tem mais a dar, não o que mais está precisando do emprego.

Por maior que seja a ansiedade, não suplique. Ofereça.

Parta desse princípio ao elaborar seu currículo, responder aos testes e conversar com o selecionador na entrevista ou banca.

Currículos – em linhas gerais: diferentes modelos, o que fazer, o que não fazer

Não vale a pena sair distribuindo currículos a torto e a direito. Editores são superatribulados e não vão olhar mensagens de quem não conhecem ou currículos que não pediram.

Para participar de um concurso, prefira um currículo conciso e direto: dados pessoais, formação escolar (faculdade, curso e ano de conclusão), experiência profissional (veículo, cargo e data), idiomas que domina. O ideal é que ele ocupe uma página, no máximo duas.

Não mande certificados nem inclua informações irrelevantes.

Se nunca tiver trabalhado, escreva um parágrafo no início explicando por que o editor deveria chamá-lo para uma conversa, apesar da sua falta de experiência – ou seja, que qualidades você tem que compensam a inexperiência.

Nesse parágrafo, não recorra a sentimentalismos. Não peça "uma chance" nem diga que precisa trabalhar "pelo amor de deus". Seja objetivo, descreva suas qualidades, seus pontos fortes e seus projetos. Mostre que você conhece o projeto do jornal e como pode contribuir com ele. E seja breve.

Se tiver experiência, inclua uma ou duas reportagens que considere exemplares. Não adianta juntar muitos exemplos, pois o editor não

entrevista
Juca Kfouri

Eu tinha aquilo de que eles precisavam

Como conseguiu seu primeiro trabalho?
Não consegui. Conseguiram para mim. Estava entrando na faculdade de sociais na USP, tinha 19 anos, era de um grupo clandestino (ALN), queria ter meu próprio aparelho [jargão para local de moradia ou encontro de militantes políticos clandestinos, na época da ditadura militar] porque tinha medo que meus pais e meus irmãos acabassem presos pelas minhas traquinagens e tinha um amigo que trabalhava no Dedoc da Editora Abril.

Era um celeiro de repórteres, um lugar muito legal porque a única coisa que não tinha era jornalistas. Havia geógrafos, filósofos, historiadores, gente formada em letras, era um microlaboratório da USP.

A Editora Abril ia lançar a *Placar*. Eu era doido por futebol, tinha meus arquivos de futebol, e esse meu amigo sugeriu aos que iam lançar a *Placar* que me entrevistassem. Eles gostaram de mim e me contrataram para fazer pesquisa.

Você se lembra dessa entrevista na qual foi contratado?
Lembro, e também de quem estava lá: Maurício Azêdo [primeiro editor-chefe da *Placar*, hoje presidente da Associação Brasileira de Imprensa], Woile Guimarães [secretário de Redação da *Placar* quando a revista foi lançada, hoje dono da produtora de TV GW Comunicação], Roger Karman [foi vice-presidente da Abril e presidente da TVA], Cláudio de Souza ["fundador" e primeiro diretor da revista *Placar*]...

Era um pelotão de fuzilamento! Você estava nervoso?
Acho que eu fui um pouco irresponsável. Achei tudo tão engraçado, tão inusitado, falei "não tenho nada a perder". Então, fui lá e fiz um número.

terá tempo de ler todos. Escolha coberturas importantes – que mostrem ao editor que você é capaz de assumir responsabilidades – ou reportagens especiais, em que ele possa conhecer seu texto.

Há várias maneiras de fazer um currículo benfeito, mas é essencial que ele seja objetivo e tenha muitas formas de contato fácil com você. Lembre-se que editores podem receber centenas de currículos para uma única vaga e terão pouco tempo para lê-los. Por isso, você deve ajudá-lo.

▪ Seja breve, mantenha o foco e comece destacando suas habilidades mais interessantes para aquela vaga específica. Cada função exige

Os caras me perguntavam de futebol, e de futebol eu sabia. Meio que eu sabia também que estava num ambiente mais para o progressista do que para o reacionário, então não precisava disfarçar o que achava do Brasil da época.

Não me lembro de ter ficado nervoso. Lembro-me de ter ficado surpreso quando me avisaram que eu seria contratado, e que ia ganhar um bom dinheiro.

E o que você acha que tinha que os convenceu a contratá-lo?
Cara de pau. Eu sabia do que eu estava falando, e sou uma pessoa extrovertida. Eles precisavam alguém pra atender a revista *Placar*; e eu tinha o perfil adequado.

sentou o Bola na Rede, na RedeTV!. Apresentou o programa de entrevistas na rede CNT, Juca Kfouri ao Vivo. Atualmente está também na ESPN-Brasil. É apresentador, desde 2000, do programa CBN Esporte Clube.

Na íntegra da entrevista, Juca Kfouri também responde à "pergunta de 100 milhões de dólares": http://is.gd/biT7s.

> Colunista da Folha, **Juca Kfouri** é formado em ciências sociais pela USP. Dirigiu as revistas *Placar* e *Playboy*. Foi comentarista esportivo do SBT e da Rede Globo, colunista de *O Globo* e do *Lance!*, participou do programa Cartão Verde, da Rede Cultura, e apresentou o Bola na Rede, na RedeTV!.

À esquerda com Pelé, no primeiro ano que trabalhou na Editora Abril.

competências diferentes e, se você se considera apto para aquele cargo, precisa dizer (logo) o porquê. O primeiro pressuposto é que o editor não tem muito tempo a perder lendo calhamaços com divagações sobre suas experiências profissionais.

■ Adapte seu currículo toda vez que concorrer a uma vaga diferente, dando destaque ao que interessa mais àquela: se for uma vaga para redator de economia e você tiver feito uma especialização na área, vale a pena abrir com essa informação. Se já contar com experiência profissional em economia, essa experiência se torna mais importante que a primeira informação.

A VAGA É SUA

- Caso você não tenha nenhuma experiência, explique por que se considera apto para a vaga mesmo assim. Mas, antes de tentar convencer o editor, você precisa se convencer. Quais experiências pessoais o qualificam para o trabalho? As aulas que teve na universidade? Os projetos que desenvolveu? O blog que criou com uma amiga? Uma viagem que fez? Um outro trabalho, que nada tem a ver com jornalismo? Seja sincero, breve e preciso.
- Se você possui uma grande afinidade com determinada área, destaque-a. Os editores também levam em conta que a pessoa é entusiasmada ou apaixonada por algum tipo de assunto. Por exemplo, se você adora fazer matérias de serviços, talvez valha a pena destacar isso em seu currículo. Se a vaga que você está tentando é para trabalhar no guia de cultura do jornal, por exemplo, essa afinidade será valorizada pelo selecionador.
- Não anexe certificados e matérias, a menos que isso tenha sido solicitado. Dificilmente o editor vai se dar ao trabalho de abrir o anexo. Caso ele tenha interesse em ver seu trabalho antes de chamar para a próxima etapa da seleção, vai pedir.
- Por outro lado, se tiver feito uma reportagem exemplar ou participado de uma cobertura relevante, mencione isso e coloque os links para os trabalhos.
- Aqui chegamos ao óbvio: nunca se esqueça de colocar uma forma de contato com você, para o caso de o editor querer encontrá-lo. E-mail e mais de um telefone, de preferência. Se o editor quiser marcar um teste para a tarde do mesmo dia e não o encontrar, vai desistir de você. Não se esqueça, ainda, de checar seu e-mail frequentemente.
- Cheque o português de seu currículo com atenção. Erros podem comprometer todo o esforço. A Ana, por exemplo, descarta sem hesitar currículos com erro de gramática.

Outra maneira de chamar a atenção é entrar em contato diretamente com o editor e, em seguida, enviar o currículo. Você pode telefonar e se apresentar, perguntar como é o processo de seleção, se vale enviar o currículo mesmo sem seleção em curso, e mandar o currículo.

Ou enviar um e-mail com uma breve apresentação sua e colocar o currículo em anexo.

Exemplo:

> "Boa tarde,
>
> Eu me formei em jornalismo em julho de 2007 e tenho experiência em reportagem, em rádio e internet. Minha principal meta é trabalhar em jornal diário. Tenho inglês fluente e conhecimentos avançados de informática. Sou de Belo Horizonte e estou à disposição para morar em qualquer cidade do país.
>
> Segue abaixo meu currículo.
>
> Estou à disposição para uma entrevista pessoal, em que poderei dar mais detalhes sobre minhas realizações profissionais.
>
> Cordialmente,
>
> Fulana de Tal
>
> 11-8888-9999
>
> 11-3333-2222
>
> fulanadetal@email.com.br"

É importante que no campo "assunto" do e-mail, haja a palavra CURRÍCULO bem destacada, de preferência seguida da vaga que interessa a você. Exemplo: "CURRÍCULO / repórter de Cidades".

Em anexo ou no corpo do e-mail, um exemplo de estrutura de currículo:

Fulana de Tal
Endereço tal
Dois ou três telefones
Dois e-mails mais acessados

Objetivos (o objetivo varia de acordo com a vaga e guia todo o resto do currículo)

Exemplo: Atuar como repórter de cidades em jornal diário.

Habilidades (de forma bem sucinta, diga o que você é capaz de fazer)
Exemplo: Tenho experiência de dois anos trabalhando na ronda de uma rádio, o que me propiciou faro jornalístico e senso apurado para novas pautas. O trabalho como redatora em uma revista mensal, aprimorado pela graduação complementar em letras, garantiu fluidez e qualidade ao meu texto. Também tenho habilidades de edição e produção de textos para a web.

Experiências (aqueles trabalhos e publicações que exemplificam suas habilidades práticas que serão úteis se você conseguir aquela vaga)
Exemplo:
– dois anos como pauteira da Rádio Tal;
– redatora da revista Tal entre 2005 e 2006;
– estágio no portal de notícias Tal entre 2004 e 2005;
– produção de blog sobre administração pública da minha cidade desde 2002.

Outras experiências profissionais (outros trabalhos, em outras áreas)
Exemplo:
– coordenadora de atendimento à imprensa da assessoria de comunicação X, entre janeiro e outubro de 2003;
– estagiária em produtora de vídeos publicitários em 2002;
– pesquisa sobre Vale do Jequitinhonha do Tal programa de extensão da Universidade Tal em 2001.

Formação (escolar, universitária, especializações)
Exemplo:
– graduada em jornalismo, com formação complementar em ciências sociais, pela Universidade Tal, em julho de 2007;
– graduada em relações públicas pela Universidade Tal em julho de 2008;
– Ensino Médio na Plant High School, Flórida, EUA;

Conhecimentos (idiomas, informática etc.)
Exemplo:
– fluência em inglês e espanhol; francês no nível intermediário;
– domínio do pacote Office, do Adobe Premiere, Soudforge e Final Cut.

Prêmios (podem incrementar seu currículo, caso estejam relacionados com as experiências acima)
Exemplo:
– finalista do prêmio da Fundación Nuevo Periodismo, categoria conhecimento.

Esses itens podem mudar de lugar, dependendo de como suas respostas em relação a cada item podem mostrar suas qualificações para aquela vaga específica.

Respeite a hierarquia do currículo!

Se você fez vários cursos de jornalismo ambiental, mas sempre trabalhou com Esporte, o campo "Formação" pode ser mais importante do que qualquer outro para uma vaga na editoria de Ciência ou para uma revista especializada em Ecologia.

Na hora de colocar as experiências profissionais, é praxe relacioná-las da mais recente para a mais antiga – mas essa ordem também pode mudar dependendo das especificidades da vaga. Por exemplo, uma candidata que tenha trabalhado dez anos em Redações de veículos importantes, mas, nos últimos cinco anos, foi para assessoria, atrairá mais o interesse do editor se começar seu currículo com as experiências em jornalismo e, em outro item – "Outras experiências" –, colocar seu emprego atual.

Se você quer trabalhar como repórter, destaque as funções jornalísticas que exerceu. Muita gente envia currículo elencando, por exemplo, várias experiências em comunicação corporativa. Essas experiências podem ser interessantes se você quiser uma vaga de assessor de imprensa, relações-públicas, ou qualquer outra função na área de comunicação organizacional. Mas, para uma vaga de repórter, elas não são atraentes. O que o editor quer saber é em quais veículos e funções você atuou, não em quais empresas ou corporações.

Se está concorrendo a uma vaga em Redação, destaque os trabalhos jornalísticos, e escolha dentre eles os mais relevantes: um frila para uma revista nacional de grande porte, por exemplo, diz mais sobre sua capacidade de trabalho que um ano de contratação num jornal local mensal.

Obviamente você não deve mentir nem sonegar informações relevantes. Mas pode resumir suas outras experiências profissionais em uma linha: "Jornalismo corporativo na empresa X (ano tal a ano tal), Y (ano tal a ano tal) e Z (emprego atual, desde tal ano)".

Um erro comum, que acontece por desatenção ou desleixo, é enviar currículo para uma vaga que nada tem a ver com aquele objetivo. Se você quer ser repórter contratado, não pode escrever que seu objetivo é ser estagiária. Se está concorrendo a uma vaga de redator, não deve mandar um currículo em que os objetivos descritos são "trabalhar em rádio, TV, jornal ou assessoria de imprensa".

Veja o que um currículo **NÃO** deve ter:

- dados pessoais sem e-mail, ou sem telefone;
- linguagem muito informal;
- erros;
- desatualização (demonstra desinteresse pela vaga, pois você não tirou 15 minutos do seu dia para cuidar de sua apresentação);
- mais de duas páginas;
- detalhes em excesso e desinteressantes;
- falta de foco;
- fonte difícil de enxergar (prefira as clássicas Arial, Verdana, Times New Roman);
- páginas e páginas de matérias anexadas (prefira os links);
- documento muito pesado, que sobrecarrega o e-mail (se for uma vaga para fotógrafo, prefira dar o link para seu portfólio on-line a enviar fotos pesadíssimas em anexo);

- minúcias de sua formação (exemplo: dizer que trabalhou durante um ano como estagiário em escritório de advocacia, sem justificar de que forma isso pode ter ajudado a ganhar experiência para a vaga pretendida);
- exagero de uma qualidade (exemplo: dizer que é fluente em espanhol sem ser).

RELATO DA ANA:

No final de 2009, dei uma palestra no Espaço Cult sobre como se preparar para a profissão e me ofereci para comentar os currículos dos participantes, se eles julgassem oportuno. Apresento abaixo três casos em que fiz algumas sugestões:

EXEMPLO 1 – É um currículo bem diversificado e interessante de uma moça que investiu em formação e tem experiência profissional, embora os trabalhos diretamente ligados a jornalismo sejam minoria.

Joana Dark

Brasileira, 24 anos.

Tel: BR + 55 (11)1234-1234

e-mail: joana.dark@gmail.com

Formação

Comunicação Social – Jornalismo

PUC-SP

Formada em dezembro de 2008.

Curso de extensão

PUC-SP – Relações Internacionais nas Américas – de janeiro a dezembro de 2008

Curso no exterior

Inglês na escola Y, em Londres, de dezembro de 2007 a janeiro de 2008

Curso de curta duração

- ABC (escola de informática) – softwares a e b, 2007
- XYZ – Especialização em Gestão de Carreira.

Carga horária: 30 horas. 2008

- Jornalismo Cultural – palestra ministrada por Fulano de Tal. Carga horária: 4h. 2007

Experiência profissional

- Estagiária no jornal *Folha de Atibaia*
- Assessoria de Imprensa da Secretaria da Educação de São Paulo (*atualização de site, press release, pesquisa histórica e livro-reportagem*)
- Estagiária da Rede Universitária de Televisão da Faculdade Tal – *repórter, editora e câmera por um ano e cinco meses*
- Assessoria de comunicação jornalística para o *Tribuna de Justiça* (*Press release e pesquisa de informações complementares para processos. Preparação do material disponível para a imprensa*).
- Freelancer no Campeonato Brasileiro de Atletismo para o portal MMM (www.MMM.com.br).
- Freelancer na Mostra de Cinema (*divulgação dos inscritos para o site da mostra*)
- Freelancer na produtora TTT. *Reportagem para projeto.*
- Consultoria Interna em RH: *atividade de pesquisa de mercado e assistente comercial de cursos in company*
- Freelancer para revista.

Patentes e publicações

Aqui ela relacionava uma série de publicações, com a lista de títulos das matérias publicadas. Eram seis publicações e o item todo ocupava cerca de 20 linhas no currículo

Cursos breves e complementares
- Livraria Millenium – Introdução à Filosofia, ministrado por Cláudio Bergano, psicólogo. 2005
- Casa do Saber – A Nouvelle Vague, ministrado pelo jornalista de cultura da Folha de S.Paulo, Alcino Leite Neto. 2006
- Biblioteca Alceu Amoroso Lima – Dramaturgia, ministrado pela dramaturga Paula Chagas. 2008
- Sindicato dos Jornalistas – Jornalismo Policial, ministrado pelo ex--jornalista policial da Band Evandro de Marco. 2008

- DRC (escola informática/centro de treinamento especializado de softwares) – Adobe InDesign. 2008
- Casa do Saber – Design e Pensamento, ministrado por Rique Nitzsche (engenheiro e design thinker/prof. pós-graduação da ESPM). 2009
- Casa do Saber – Pop do lado de lá; Bangcoc, Istambul, Nova Déli e Tóquio, ministrado por Zeca Camargo (jornalista). 2009
- MIS (Museu da Imagem e do Som) – Workshop: Cityscape Inside Out. 20h. Ministrado pela sueca Marit Lindberg.

Idiomas
- Inglês quinzenal na Take Off (Intermediário/Avançado).
- Curso de aperfeiçoamento em inglês na Geos de Vancouver, Canadá. 2006
- Espanhol no Colégio dos Santos Anjos (Intermediário). 2000-2003

Outras atividades
- Trabalho voluntário no Colégio XXX: apoio a crianças e portadores do vírus HIV em comunidades distantes.
- Trabalho voluntário no Abrigo YYY: atividades recreativas para crianças.

Interesses e atividades
Jornalismo Impresso e Televisão voltados para o Jornalismo Internacional, New Journalism, Jornalismo Documentário, Jornalismo On-line, Hard News, produção e freelancer para qualquer área de abrangência do Jornalismo.

Informática
Habilidade com os programas do Windows XP e Vista: Pacote Office. E Mac: conhecimento de programas de edição de vídeo, como Final Cut, e diagramação, como o Adobe InDesign.

Disponibilidade para viagem: sim.

Veja as mudanças que faria para torná-lo mais objetivo:
1) Se o objetivo é concorrer a uma vaga jornalística, juntaria num mesmo bloco todas as experiências em veículos de comunicação e todos os trabalhos publicados como frila, sob a vinheta "Experiência jornalística". Colocaria sob a vinheta "Outras experiências profissionais" trabalhos feitos para assessoria e pesquisa de mercado, por exemplo.

2) Mudaria o nome do item *"Patentes e Publicações"* para *"Exemplos de trabalho"* ou *"Portfólio"* e resumiria bem o item. É útil incluir um exemplo de reportagem, mas nesse caso o ideal é escolher as duas ou três mais relevantes (assunto relevante, furo, edição muito boa, as que você achar exemplares) e colocar o link.

3) Enxugaria a parte de cursos, porque os editores em geral não têm tempo de ficar lendo currículos longos demais. Para cada vaga a que fosse concorrer, priorizaria os cursos mais diretamente ligados ao tema central de cobertura.

EXEMPLO 2 – *Currículo de um candidato com boa formação no Ensino Médio e no superior, mas sem experiência.*

e-mail – celular – telefone fixo	
Nome do candidato	

Objetivo	Adquirir experiência no mercado de trabalho na carreira jornalística.
Formação	Ensino Médio completo • Primário: Jardim Escola Esquilinho • Ginásio: Colégio Rainha da Paz • Ensino Médio: Colégio Palmares Superior Incompleto • Jornalismo (diurno) – Faculdade Cásper Líbero • Previsão de término: nov./2010
Interesses	Cultura geral, música, literatura, fotografia, coleção de discos antigos e esportes.
Experiência	Departamento de Ação Social (DAS) – Colégio Palmares: Leitura de livros, preparação de atividades dinâmicas e esportivas para creches de crianças carentes. Programa musical (semanal) passado na Rádio Gazeta AM 890KHZ. Produção e apresentação. Duração: desde outubro de 2009.

Qualificações	Inglês intermediário. Espanhol básico. Bem informado, responsável, criativo e tranquilo.
Cursos	– "Jornalismo Cultural". Espaço Cult. Carga Horária: 16 horas. – "4º Jornalirismo Debate: Jornalismo Literário". Senac – Lapa. Realizado dia 26 de maio de 2009 das 19h às 22h30. – "Jornalismo Diário, Como se Preparar Para o Mercado de Trabalho". Com Ana Estela de Sousa Pinto. Realizado dia 20 de outubro das 19h30 às 21h30.

Mudanças sugeridas para hierarquizar as informações do currículo: colocar antes aquilo que possa interessar mais ao editor:

1) em formação, colocar primeiro a faculdade, depois o ensino médio (neste caso, vale a pena incluir, porque é um colégio reputado). Tirar o nome da pré-escola, porque já é detalhe demais e não vai contar ponto a seu favor;
2) inverter a ordem das experiências: começar com o programa de rádio, que é mais jornalístico;
3) incluir, se houver, matérias feitas para os veículos-laboratórios da faculdade.

EXEMPLO 3 – *Candidata que não se formou numa das universidades mais renomadas, mas já tem alguma experiência em empresas importantes.*

Nome da candidata
21 anos – Solteira
Endereço – São Paulo – SP
Telefone: (11) celular / (11) segundo celular / (11) residencial
Email: nome@e-mail1 / nome@e-mail2

• Objetivo
Repórter

A VAGA É SUA

Formação

Janeiro 2006 – Dezembro 2009
Universidade XYZ Comunicação Social – Jornalismo – cursando o oitavo semestre no período matutino.

Experiência

- **Estagiária**

Editora Abril / Fundação Victor Civita – revista XYZ
Setembro de 2008 – atual: reportagens e produção de conteúdo para a revista e para o site.

Rede Bandeirantes – Canal: Rede 21
Julho a setembro de 2008: produção dos programas XYZ e WKL.
Edição de vídeos e textos.

Site Última Instância
Junho a agosto de 2008: atualização de site e reportagens.

Agência XXX
Junho a setembro de 2008: produção de conteúdo para internet e redação de textos para jogos de celular e sistema WAP e mobile, para as empresas A, B, C e D

- **Outras Experiências**

Jornal-Laboratório

Redação de artigos, entrevistas, edição de textos e fotos e diagramação – jornal Tal e Tal – Universidade XYZ. Redação de texto para rádio e locução pela Rádio-Laboratório XYZ.

- **Assessoria de imprensa**

Secretaria de governo tal
Fevereiro a junho de 2008: entrevistas, produção de releases, captação de notícias, assessoria de imprensa, clipping eletrônico.

Prefeitura Municipal de XYZ
Agosto de 2007 a fevereiro de 2008: assessoria de imprensa, clipping diário, clipping eletrônico, produção de releases.

Prefeitura Municipal de KYZ – Dep. Cultura, Esporte e Lazer
Maio a agosto de 2007: clipping semanal, informativo eletrônico, mailing list, agenda cultural.

- Freelance
Agência ZZZ
Setembro de 2007: clipping eletrônico (conteúdo jurídico).

Pesquisas

Os problemas urbanísticos retratados pela mídia
Pesquisa de iniciação científica pela Universidade Tal – CNPq – 2007
Finalizado em novembro de 2008.
Analisa a abordagem das questões de ordem urbanística feita pelo jornal *Folha de S.Paulo* no período de 2001 a 2006.

Congressos (expositora)

Intercom – XXX Congresso Brasileiro de Ciências da Comunicação
III Intercom Júnior – Santos – 2007
Conic – 7º Congresso Nacional de Iniciação Científica
Semesp – Sorocaba – 2007
Expocom – Congresso Brasileiro de Ciências da Comunicação – Intercom Sudeste – São Paulo – 2008

Palestras e cursos

- Jornalismo

4º Jornalirismo – Debates sobre Jornalismo Literário com Eliane Brum, Guilherme Azevedo, Pedro Bial, Daniel Pizza e Sergio Vilas Boas – maio de 2009
Seminário "Panoramas do Jornalismo Literário" – com Gay Talese, João Moreira Salles, Jorge Caldeira, Humberto Werneck, Cassiano Machado e Paulo Roberto Pires – julho de 2009
Curso "Roteiro de Documentário" – Técnicas de documentário e roteiro de cinema – maio e junho de 2009
1º Curso Revista Caros Amigos – Debate sobre pautas e linguagens do jornalismo político – setembro de 2007
2º Curso "Poder Judiciário para Jornalistas" – Realizado pela Escola Paulista de Magistratura – Linguagens específicas e estrutura do Poder Judiciário – agosto de 2009

A VAGA É SUA

- **Urbanismo**
Seminário "Aspectos Econômicos, Urbanísticos, Tributários, Jurídicos e Financeiros do Desenvolvimento Urbano para Jornalistas" – Realizado pela Abraji e Instituto Lincoln – junho de 2009
Colóquio "Quesões da Metrópole Contemporânea: Novas Estratégias de Intervenção Urbana" – Debate sobre políticas, requalificação do espaço e intervenção urbana – abril de 2008
- **Educação**
Semana da Educação 2008
Semana da Educação 2009 – Palestras sobre Didática da Matemática, com Guy Brosseau e Organização gráfica e sintática no início da Educação Básica, com Célia Diaz-Arguero – outubro de 2009
Curso "A Formação do Leitor Literário do 2º ao 5º anos" – Realizado pela Escola da Vila – técnicas de ensino e situações didáticas de leitura – 200

Viagens internacionais
Buenos Aires (ARG) – Para a realização de reportagem sobre a Lei de Anistia – setembro de 2008

Complementos
- Inglês nível intermediário pela escola Wizard.
- Espanhol nível intermediário (aulas particulares).
- Pacote Office, InDesign, Photoshop, Page Maker, Corel Draw, Sketchup, Dreamweaver, Preditor, ENPS – AP e Mapinfo (noções básicas), Final Cut, Audacity.

É um bom currículo, bem apresentado, mas longo demais.

O ideal é alterá-lo de acordo com a vaga à qual se concorre, priorizando as informações mais relevantes para aquela função e área e tirando detalhes que possam gastar à toa o tempo do selecionador.

Como ela já trabalhou para a Abril e a Rede Bandeirantes, pode colocar o item "Experiência jornalística" antes do "Formação".

Se o objetivo é mandar o currículo para uma Redação, faz sentido separar os outros trabalhos num item à parte: "Outras experiências".

> *Dependendo da vaga à qual ela for se candidatar, são irrelevantes as menções a pesquisas, congressos etc. Esse tipo de detalhe só é necessário numa vaga que exija conhecimento ou experiência acadêmicos.*
>
> *Mas se o concurso aberto fosse especificamente para cobrir urbanismo – que parece ser uma área de interesse e concentração de esforços da candidata –, deixaria todas as atividades que se relacionam ao tema, porque deixa claro que ela procura se especializar nessa área.*

Feito seu currículo, é preciso conhecer o perfil do veículo e tentar a melhor forma de aproximação. A Folha, por exemplo, só recebe currículos quando há concursos abertos para vagas específicas. Em outros veículos, há abertura para marcar uma conversa com o editor para se apresentar, deixar o portfólio e estabelecer um contato.

Quando for possível, entre em contato diretamente com o editor, ou envie um e-mail perguntando se há possibilidade de marcar uma breve conversa. Não se esqueça de pedir um número de celular ou outra forma de avisá-lo caso ocorra um imprevisto e você tenha que desmarcar o encontro.

Portfólio

Além do currículo, você pode precisar de um portfólio (uma reunião de suas melhores produções, que possa dar ao selecionador uma ideia de seu trabalho). Portfólios são especialmente importantes para quem trabalha com reportagem fotográfica ou design gráfico.

O portfólio pode ser físico (em papel) ou digital.

Se escolher o papel, o ideal é montar uma pasta que permita folhear e ver seus trabalhos de forma bem organizada. Se um editor está interessado em ver o que você já produziu, ele terá principalmente dois objetivos: a) ler seu texto/ver suas fotos, seus infográficos; b) ver com que destaque seu trabalho foi publicado: em que página, com que tamanho, com que hierarquia.

Quanto mais você puder mostrar-lhe isso de forma amigável, agradável, organizada – e, se der, bonita –, melhor para ele e para você.

Algumas dicas:

- Se há material seu publicado na internet, você pode colocar os prints mais legais na pasta. Se tiveram destaque naquele dia, coloque também um print da home. Neste caso, pode ser interessante colocar dois ou três links das matérias mais legais também no seu currículo.
- Faça uma boa seleção. Coloque só o que considera mais importante, e não um montão de pequenos trabalhos irrelevantes. Economize o tempo do editor e feche o foco no que mostra o melhor do que você faz.
- No caso de trabalhos publicados em papel-jornal, faça uma cópia colorida dos mais relevantes, em papel branco. Dá uma aparência melhor e torna seu portfólio mais padronizado.
- Se tiver material publicado na internet, imprima as telas e anexe ao portfólio. Se seu texto ou foto teve destaque no site, inclua um print da home. Se for deixar o portfólio com o editor, coloque também os links, para o caso de ele preferir olhar os originais.

Outra solução é criar um portfólio on-line e colocar um link para ele em seu currículo ou no e-mail com uma breve apresentação.

Você não precisa ser um expert em html e gastar horas montando um site com seu portfólio (embora, caso seja, valha a pena mostrar essa sua habilidade extra caprichando em seu cartão de visitas).

Um blog resolve bem esse problema. Uma sugestão é que você opte por blogs que permitam acrescentar páginas de arquivos, como o do UOL e o Wordpress. Ou no site http://issuu.com, que também permite colocar.

O que seu portfólio on-line precisa conter:

- Seu currículo – nos formatos pdf e html;
- Uma seção "Sobre mim", comum em blogs, em que você também terá liberdade de colocar seus links em todas as redes sociais das quais participe (Twitter, Orkut, Facebook, Myspace, Linkedin, Flickr etc.), alguns dados sobre seus hobbies, gostos e personalidade e quais suas metas pessoais e profissionais. Aí também pode valer a pena colocar uma foto sua.
- Seções que facilitem a navegação pelos trabalhos (uma parte só

para fotos, outra só para publicações em revistas, outra só para jornais, outra só para projetos, outra para releases, outra para vídeos e o que mais você tiver; se houver uma parte para trabalhos que você editou, não se esqueça de pôr os textos antes e depois de sua edição, para que possam ser comparados).
- Destaque para as informações sobre as datas de publicação, fontes, links para os veículos.
- Vários links permeando suas matérias e levando o selecionador a ter curiosidade de circular de uma para outra.

Se optar por portfólio digital, considere a possibilidade de levar um laptop que facilite sua exposição, caso seja chamado para uma entrevista.

Outro cuidado quando for colocar seus trabalhos na internet é não abusar da informalidade. Lembre-se de que o site é seu cartão de visitas profissional e pode ser acessado por qualquer um que o procure na internet.

E o que fazer se você trabalhou a maior parte do tempo no fechamento, ou como editor? Selecione as edições e coberturas mais relevantes nas quais você tenha trabalhado, principalmente aquelas que tenham algo diferente, original, que tenha sido iniciativa sua. Alguns recomendam, no caso de edição, incluir no portfólio duas versões de texto: o original e o editado por você e publicado. É bem difícil que o selecionador tenha tempo para comparar as duas versões, mas como quem deu essa sugestão entende do riscado, deixamos a dica.

Prova – como se preparar; exemplos de provas

Antes de fazer uma prova, é preciso se preparar: imagine o que pode ser pedido no teste e tente sanar possíveis lacunas de informação que você tenha naqueles assuntos.

Lembre-se de que as provas costumam avaliar toda uma formação cultural e um nível de informações que você deve ter acumulado durante vários anos. É difícil tentar incrementar isso de véspera. Mas é possível tomar um tempo do seu dia e se perguntar: se eu fosse um editor dessa vaga, o que eu gostaria de conferir se meu novo contratado sabe?

Para uma vaga em caderno de Educação, por exemplo, é preciso conhecer as regras do Enem, como funcionam os programas do Ministério da Educação, quais as reivindicações da última greve dos professores, o nome do reitor da principal universidade de sua região.

É claro que a abordagem da questão pode variar de mil maneiras, mas é útil reler as principais notícias relacionadas a esses fatos e ter certeza de que está bem a par dos assuntos. Assim, se a prova pedir uma sugestão de pauta que tenha como gancho a greve numa universidade, é preciso ter informação para sugerir algo que ainda não tenha saído nos jornais. E a releitura evita o deslize de repetir o que já foi publicado pelo próprio veículo.

Para uma vaga na Agência Folha, por exemplo, vale pensar nos fatos mais relevantes que ocorreram em outros Estados do país, exceto São Paulo, Rio de Janeiro e Brasília, não cobertos por ela. Os assuntos podem variar desde as chuvas de Santa Catarina até a cassação de governadores no Tocantins, Maranhão e Paraíba, mas é possível fazer uma triagem das principais notícias e relembrá-las na semana anterior à prova.

Outra maneira útil de se preparar é ver provas de seleções anteriores para entender qual seu grau de dificuldade, quais perguntas subjetivas foram mais comuns, qual seu tamanho. É claro que nem toda empresa disponibiliza essas provas para os futuros candidatos, mas é possível conversar com conhecidos que já tenham passado pela seleção e possam dizer, em linhas gerais, como foi.

Colocamos, a seguir, dez exemplos de questões que caíram em provas recentes para vagas da Folha.

Cotidiano (parte da prova sobre "reportagem")

1. Qual a sua opinião sobre a cobertura da imprensa brasileira no caso Paula Oliveira, a brasileira que disse ter sido atacada por skinheads na Suíça?

2. Na sua opinião, quais são os dois principais problemas da cidade de São Paulo e como você acredita que eles podem ser resolvidos?

3. As universidades particulares solicitaram ao BNDES (Banco Nacional de Desenvolvimento Econômico e Social) uma linha especial de financiamento, com recursos públicos. Quais foram os argumentos apresentados pelo setor para fazer o pedido?
4. Qual a sua opinião sobre a terceirização da merenda escolar nas escolas públicas da capital?
5. Sugira uma pauta de cidades.
6. Sugira uma pauta de educação.

Correspondente em Salvador, Agência Folha (parte sobre "conhecimentos gerais")

Quem são as personalidades listadas abaixo, nacionalidade e época de atuação? Seja o mais específico possível, mas prefira uma resposta mais vaga e correta a uma informação errada.
1. Hillary Clinton
2. Steve Jobs
3. Dorothy Stang
4. Sérgio Buarque de Holanda
5. David Beckham
6. Joseph Ratzinger
7. Gabriel García Márquez
8. Raul Castro
9. Dilma Rousseff
10. Evo Morales

Correspondente em Belo Horizonte, Agência Folha (parte "leitura do noticiário")

1. O que foi o "choque de gestão" que o governador Aécio Neves diz ter implantado no Estado?
2. Potencial candidato a presidente em 2010, o que Aécio tem feito para tentar se viabilizar candidato pelo PSDB na disputa interna com José Serra?
3. Qual o papel atual do vice-governador Antonio Anastasia no governo do Estado?

4. Na última eleição para prefeito de BH qual foi a medida adotada pelo governador Aécio Neves e pelo prefeito Fernando Pimentel que chegou a ser alvo de crítica por parte do PT?
5. Qual o principal problema na política de segurança pública de Minas Gerais?
6. Qual a participação dos personagens abaixo no noticiário recente?
– Tilden Santiago
– Paulo Lacerda
– Protógenes Queiroz
– Custódio Mattos
– Rogério Tolentino
– Antero Mânica

Equilíbrio (parte "interesses e aptidões")
1. Das áreas cobertas pela editoria (Equilíbrio e Saúde), qual você se considera mais preparado para cobrir? Em qual delas você tem mais experiência e mais fontes? Relate brevemente.
2. Em quais das áreas você considera que terá mais dificuldade? O que pode fazer para sanar essa lacuna?
3. Você costuma acompanhar veículos especializados nos temas da editoria? Quais?
4. As equipes dos cadernos semanais são reduzidas e seus integrantes trabalham tanto em reportagem como em fechamento. Em qual dessas duas funções você tem mais desenvoltura (relate brevemente sua experiência)? Com base em sua experiência, como você pode se adaptar à função em que tem menos desenvoltura?
5. Pensando nas editorias em que você gostaria de trabalhar como jornalista, você prefere Equilíbrio e cadernos semanais ou seu projeto é trabalhar em editorias diárias? Explique.

Primeira parte de teste para Ilustrada
O texto a seguir é a versão bruta de uma reportagem publicada na Ilustrada. Tem 40 linhas. Você tem 20 minutos para cortar esse texto para 25 linhas, corrigir eventuais erros e fazer uma sugestão de título.

Não é permitida consulta a jornais, internet ou outras fontes.
Boa sorte.

TÍTULO DA REPORTAGEM: Ministério da Cultura e Petrobras anunciam programa de editais para 2008

Em seu primeiro ato público como ministro da Cultura, Juca Ferraz anunciou ontem, no Rio, o programa de onze editais de seleção pública para diversas áreas culturais que será realizado em parceria com a Petrobras em 2008. Com patrocínios no montante de R$ 28 milhões, nove dos editais dão prosseguimento às ações conjuntas desenvolvidas com a empresa desde 2003. Os outros dois são o Prêmio Nacional de Expressões Culturais Afro-brasileiras, que atenderá ao desenvolvimento de atividades com a temática cultural negra, e o Edital Nacional de apoio à Programação de Centros Culturais, que promoverá a integração entre manifestações artísticas locais e regionais em 27 Estados. Serão distribuídos R$ 1,5 milhão entre os projetos selecionados.

Durante o discurso, Ferraz falou da possibilidade de o Ministério da Cultura e a Petrobras lançarem um segundo ciclo de editais ainda este ano. Formato, recursos a serem disponibilizados e áreas que serão beneficiadas ainda estão em estudo, mas a prioridade são projetos que gerem emprego e renda, especialmente em regiões com IDH (Índice de Desenvolvimento Humano) baixo.

Na ocasião foi ainda anunciado que em 15 de outubro abrem as inscrições para a edição 2008/2009 do Programa Petrobras Cultural. A novidade é uma seleção dedicada à cultura digital. As demais áreas beneficiadas serão as de música, artes cênicas, audiovisual e literatura. Graças a um acordo de cooperação técnica firmado entre a Petrobras e o Ministério da Cultura há dois anos, não haverá a exigência de que os projetos inscritos no programa já estejam previamente aprovados pela Lei Rouanet, exceto aqueles que concorrem na categoria de produção e difusão de filmes de longa-metragem.

Os editais divulgados ontem ficarão disponíveis ao público na página do Ministério da Cultura na Internet (www.cultura.gov.br).

A VAGA É SUA

Dinheiro da Folha Online (antigo Mercado da Folha.com)
Produza um texto utilizando as informações a seguir:

Paulson defends his response to economic crisis
WASHINGTON (AP) – Former Treasury Secretary Henry Paulson on Wednesday defended his response to the economic crisis last year as an imperfect, but necessary rescue that spared the U.S. financial market from total collapse.

"Many more Americans would be without their homes, their jobs, their businesses, their savings and their way of life", he said in written testimony prepared for a hearing Thursday.

While losses have been staggering, "that suffering would have been far more profound and disturbing" had the government not intervened, he will tell the House Oversight and Government Reform Committee.

Paulson's defense came as Congress began an independent bipartisan probe into the government's handling of the crisis. Democrat Phil Angelides and Republican Bill Thomas, both politicians from California, were appointed to lead the effort.

The commission will be given $5 million to complete its work by Dec. 15, 2010.

Angelides, who in 2006 unsuccessfully challenged Arnold Schwarzenegger to become California governor, said his goal was to lead a thorough and non-partisan inquiry.

"Our job is to do the best possible job of shining the light of day on what really happened so it's less likely to happen the future", he said in an interview.

The White House and Congress are debating the government's next step in handing the worst economic crisis in decades, as foreclosures rise and unemployment figures are projected to top 10 percent this year.

Repórter de Mundo
1. Como você avalia a cobertura e a edição do caderno Mundo da

Folha? Cite o que considera pontos positivos e negativos. Mencione temas ou abordagens que você considera pouco explorados e que gostaria de cobrir.

2. Das reportagens publicadas hoje no caderno, qual foi a que mais o interessou e por quê? Qual foi a que mais o decepcionou e por quê?

3. Escolha um dos três temas abaixo e escreva um texto de sua autoria com até 30 cm.
  a. Uso de bases colombianas pelos EUA
  b. Reforma da saúde nos EUA
  c. Eleições no Afeganistão

Guia da Folha

1. Sobre que tema escreve cada um destes colunistas da Folha?
- Antonio Cicero
- Marcos Nobre
- Vinicius Torres Freire
- Kenneth Maxwell
- Marcelo Coelho
- Marcelo Leite
- Maria Inês Dolci
- Nelson de Sá
- Janio de Freitas
- Eliane Cantanhêde
- Contardo Calligaris
- Alba Zaluar
- Pasquale Cipro Neto

Esporte

1. Quais são as principais promessas do futebol mundial atualmente e por quê?

2. Aponte possíveis vantagens e desvantagens da realização da Copa-2014 no Brasil.

3. Explique como funciona o atual sistema de pontuação da F-1 e trace um panorama da atual classificação do Mundial.

A VAGA É SUA

Redator de Brasil (antigo nome do caderno Poder)
1. Como você imagina que é a rotina de um redator de Brasil? Descreva os horários de trabalho, as principais responsabilidades e a principal qualidade que a função requer, no seu entendimento.
2. A função de redator é a que mais lhe interessa profissionalmente? Por quê?
3. Resuma brevemente sua experiência com fechamento.
4. Qual, na sua opinião, é a principal dificuldade do trabalho do redator de Brasil e como combatê-la?
5. O que você, como redator de Brasil, poderia sugerir para contribuir com a cobertura eleitoral em 2010?

Elabore um texto jornalístico, não opinativo, que poderá ser usado como material de apoio (Saiba +) para o dia da convenção nacional do PSDB que escolherá o candidato do partido à Presidência. Imagine que o cenário é o mesmo de hoje. O texto deve conter uma memória dos meses que antecederam a escolha, o que pesou a favor do candidato favorito (fica a seu critério decidir qual será), as consequências da escolha (o derrotado pode prejudicar a campanha? Como?) etc.

Trata-se apenas de exemplos de questões, já que elas variam muito. De qualquer forma, ilustram como o jornal valoriza o conhecimento que o candidato tem daquele caderno, seu grau de leitura do noticiário relacionado àquela cobertura e os conhecimentos gerais que o candidato tem sobre assuntos diversos.

Entrevista – como se preparar; algumas perguntas
Numa entrevista, o que o editor quer é conhecer o candidato. Você invariavelmente já terá passado por uma triagem de currículos e feito um teste, ou mostrado seu portfólio. Agora você vai conversar, de forma sincera e espontânea, com seu possível futuro chefe.

O que ele quer saber? Se você é articulado, se está mesmo interessado pela vaga, se tem o perfil que ele procura, se está bem informado.

Nada disso pode ser "ensaiado" antes – e, com certeza, o editor tem experiência suficiente para saber quando você está sendo artificial ou não.

Pode ser ainda pior dizer aqueles chavões do tipo:

- "Eu faço todo tipo de trabalho" (eles não querem alguém para todo tipo de trabalho, mas para um trabalho específico, e é bom que você saiba se focar);
- "Eu já fiz de tudo" (pode até ter feito mesmo e isso seria bom para sua experiência profissional, mas procure focar nos trabalhos que demonstrem que você tem habilidades específicas para aquela vaga);
- "Eu nunca atraso" (pode ser verdade, mas as pessoas tendem a acreditar que você, como qualquer outro, não é perfeito e está sujeito às mesmas falhas dos demais; é preciso destacar suas qualidades e as maneiras que encontrou de superar lacunas, não alardear uma perfeição duvidosa).

Também não invente habilidades que você não possui (dizer que domina um idioma que só conhece superficialmente, por exemplo).

Você deve tentar ser o mais espontâneo possível, mas, apesar disso, é possível se preparar para uma entrevista: reflita sobre quais as possíveis perguntas que serão feitas e como você poderá respondê-las da melhor forma possível. É difícil "adivinhar" o que será perguntado, mas é um exercício que vai no mínimo reduzir sua ansiedade e deixá-lo mais tranquilo na hora H.

Tome algum tempo do seu dia para se perguntar coisas que talvez você não tenha tido tempo de formular até hoje: quais minhas metas profissionais, por que quero tanto aquela vaga, o que tenho a oferecer para aquele cargo, o que aprendi em experiências passadas que poderá vir a ser útil nas atividades futuras?

Além disso, o ideal é que você já tenha lido aquele jornal (ou assistido ao telejornal, ouvido a rádio, navegado pelo site etc.) diversas vezes, que tenha entendido qual o projeto editorial, que o conheça a fundo (inclusive tendo lido o Manual da Redação, se houver). Nada disso você consegue fazer de um dia para o outro.

Quando estiver concorrendo a uma vaga em um caderno específico, faça uma boa pesquisa. Leia várias edições daquele caderno.

Estude sua linha editorial, anote quais são as seções fixas, quem são os colunistas.

Em setembro de 2009, quatro candidatas participaram de uma banca de entrevistas para um caderno semanal da Folha. Todas promissoras e com experiência prévia nesse jornal, mas a editora não gostou de nenhuma. Por quê? O teste para a vaga listava os colunistas daquele caderno e perguntava quem eram. Nenhuma das candidatas conseguiu acertar. (O editor sempre dará mais pontos para um candidato que conheça o caderno em que pretende trabalhar. Isso não só mostra para ele que o futuro repórter é interessado, mas também que ele não terá que perder tempo explicando quais os objetivos da sua editoria, a que público se destina, que tipo de reportagem é feita ali.)

Parece difícil? Não desanime! Se você chegou até a entrevista, é porque sua formação, suas aptidões e seu perfil já agradaram.

Algumas perguntas são frequentes nas entrevistas:

- Por que você quer esta vaga?
- Qual é a sua meta profissional?
- O que você acha da cobertura deste jornal? E dos concorrentes?
- Qual pauta você sugeriria para este caderno hoje?
- O que você acha do último emprego?

Esta última pergunta (e suas variáveis, como "o que acha do seu chefe?") pode dizer muito sobre você. Eventuais críticas ao último emprego, assim como ao emprego que você pleiteia devem ser feitas de forma profissional, acompanhadas de justificativas e possíveis soluções para os problemas.

Também é desagradável contar segredos (furos em andamento ou políticas internas, por exemplo) da empresa anterior para o editor que lhe entrevista agora – ele pode achar que você não é confiável, nem ético.

Apesar de todos os imperativos dos últimos parágrafos, não há respostas certas ou erradas em entrevistas. O editor quer ver, principalmente, quais são seus argumentos e se você tem segurança, interesse, autoconfiança e iniciativa.

EXEMPLOS

Um leitor do blog Novo em Folha passou por uma banca que propunha o seguinte exercício.

"Você está na apuração e todos os repórteres já estão na rua. Faltam alguns poucos minutos para seu horário de serviço acabar, a pessoa que irá rendê-lo chega daqui a cinco minutos. De repente um policial liga dizendo que ocorreu um crime que pode ser uma boa matéria. Mas ele não dá mais informações e diz que vai ligar de novo daqui a 30 minutos. O que você faz?"

Tudo o que os candidatos responderam foi rebatido de pronto pelos entrevistadores da banca. Eles deram várias respostas plausíveis, mas, quando o entrevistador questionava aquela resposta, mudavam de ideia e apresentavam outra resposta.

Provavelmente o que os selecionadores queriam testar era a segurança dos candidatos para sustentar seus argumentos e sua iniciativa. Afinal, muitas vezes um repórter precisa correr contra o tempo, e uma das habilidades desejáveis é que ele saiba tomar boas decisões rapidamente e se empenhar para levá-las adiante no pouco tempo que sobra.

RELATO DA ANA:

Outro caso ilustra como é possível se dar bem numa entrevista mesmo quando não temos todas as respostas para as perguntas que nos fazem.

Foi o que aconteceu com um jornalista que tentava uma vaga num veículo paulistano. Ele foi selecionado para a entrevista e me escreveu pedindo dicas.

A primeira que eu dei foi: saiba muito bem o que é o veículo (um jornal de serviço, voltado para São Paulo, com um forte público aposentado, popular sem ser popularesco); conheça as seções da editoria para a qual está concorrendo; seja você mesmo, e esteja com MUITA

VONTADE de trabalhar, mesmo que nas condições adversas que costumam existir em jornais menores.

Apesar disso, ele estava com medo: não conhecia nenhum dos jornalistas que iriam entrevistá-lo – e eram os dois principais chefes do jornal – e temia que fosse questionado pelo fato de sempre ter trabalhado em esportes e nunca ter feito nenhuma matéria de economia, área da vaga que disputava.

O que fazer se o entrevistador encostá-lo na parede com essa pergunta? Responder que é verdade, você sempre cobriu esporte, mas sabe fazer jornalismo de serviço e é usuário dos serviços que vai cobrir. Por isso, pode pensar em boas pautas que atendam ao interesse do leitor.

Pode dizer também que sabe checar bem informações para que não saiam erros.

Talvez não tenha muitas fontes e pautas no começo, mas em um ou dois meses já terá recuperado isso.

Pode dizer ainda que esporte é uma área que o interessa muito, mas que gosta mesmo é de jornalismo e de trabalhar.

Um pouco menos ansioso, mas ainda tremendo, lá foi ele para a entrevista, que transcorreu mais ou menos assim:

"Cheguei no horário marcado, mas só fui chamado uma hora e meia depois.
O entrevistador não deu moleza. No que está certo, diga-se.
A entrevista foi assim:

Ele – Você já fez uma cobertura aqui. O que achou? Qual foi a matéria mais importante que fez?
Eu – A de um advogado que foi assassinado em Osasco supostamente por um grupo de extermínio formado por PMs.
Ele – E publicou algum erro nesse período?
Eu – Não.
Ele – Por que largou seu emprego no banco?
Eu – Porque não estava feliz. Mas também não foi uma opção

minha. Eles tinham percebido que eu não estava feliz nem rendendo muito. Tenho que fazer aquilo que eu gosto, que é a minha paixão, que é ser repórter.

Ele – Você sabe o que é fundo previdenciário? Sabe qual é o mais novo uso que se pode fazer com o FGTS?

Eu – Não, mas sei onde procurar essas informações, como checar, e traria a resposta.

Ele – Que editoria você escolheria como primeira opção?

Eu – Cidades?

Ele – Então por que eu deveria contratá-lo numa vaga de economia?

Eu – Se você pegar o meu currículo, poderá ver que o que mais fiz foi esporte. E seria muito fácil eu dizer agora que quero trabalhar nessa editoria: esse é o assunto que eu mais domino. Mas quero fazer coisas novas, e trabalhar em economia vai me permitir ter uma nova experiência, aprender coisas novas, sair da mesmice e me tornar um profissional mais completo.

E é por isso que estou fazendo um curso na Abraji sobre como investigar gastos públicos, porque é um assunto que eu não domino.

Ele – No seu teste você cometeu alguns erros de padronização.

Eu – É, é uma quantidade grande de erros para quem já passou aqui. (Pensei, mas não disse: "Bem, eu fiquei pouco tempo aqui no jornal da outra vez, e no teste eu não podia consultar o Manual da Redação, mas sei que ele sempre deve ser consultado no dia a dia".)

Ele – Dê dois motivos para que eu te contrate e um para que eu não contrate.

Eu – Ninguém tem mais vontade de ir pra rua, de ser repórter mesmo, do que eu. Já passei por lugares nos quais eu tinha mais pressão do que aqui. Passei dois anos trabalhando com futebol em rádio, sem final de semana. Num jornal, se tiver um buraco, dá para correr atrás de uma notinha, mas na rádio, não: se não tiver programa, fica buraco.

Tenho que fazer o que eu mais gosto, e isso eu poderia fazer aqui, porque gosto do jornal, conheço algumas pessoas.

Ele – E o motivo para não contratá-lo?

A VAGA É SUA

Eu – Hoje eu não domino o assunto que vou cobrir. Mas em uns dois meses já terei melhorado muito. Não a ponto de me tornar um expert, mas a ponto de ter ideias de pautas e trabalhar melhor."

Uma pergunta para você, leitor: se fosse o selecionador, contrataria esse candidato? O diretor desse jornal achou que valeria a pena.

RELATO DA CRIS:
Eu já passei por quatro bancas na Folha e pude aprender um pouco com cada uma delas.

A primeira foi para Brasil. Apesar de eu ter muita vontade de estar nessa editoria, o cargo era de redator e eu queria começar como repórter. Respondi às perguntas feitas pelo editor Fernando de Barros e Silva de forma serena e segura, até chegar à crucial: "Mas você quer mesmo ser redatora? Ou prefere ser repórter?". Fui sincera: "Eu prefiro ser repórter, embora a atividade de um redator não me desagrade". Não passei.

(Desde então, não tentei novas vagas para redator.)

Lição 1 – Não adianta buscar uma vaga que não tenha a ver com seu perfil.

A segunda tentativa foi para um caderno especial de educação, em Cotidiano. E, dessa vez, foi bem-sucedida.

A editora Fabiana Rewald me perguntou: "Você está tentando outra vaga, além desta?" "Sim, estou tentando a vaga de redatora de Brasil" "E qual das duas você prefere?" Nessa hora, titubeei. Respondi de forma política: "Gostaria de qualquer uma das duas". Só que, na ficha de inscrição, havia uma pergunta sobre quais as preferências de leitura no jornal e eu tinha dito, francamente, algo como: "Brasil é a cereja do bolo". A secretária de Redação que acompanhava a banca lembrou disso e falou: "Na verdade você prefere Brasil, né!". Fiquei numa saia justa, mas aprendi que eu deveria sempre manter minha política de ser o mais sincera e direta possível.

Lição 2 – Quando perguntarem se você está participando de mais de um processo seletivo, seja sincero. Se preferir outra vaga e desistir de *um processo seletivo no meio do caminho, ligue avisando. É educado e profissional.*

Ainda nessa banca, a Fabiana perguntou: "Como suas experiências anteriores podem te ajudar a fazer um caderno de educação?". Nessa eu me foquei bastante no fato de ter trabalhado durante oito meses para uma rádio universitária e ter feito algumas fontes dentro da academia, que poderiam me ajudar na cobertura. Ela gostou.
Próxima pergunta: "E você é boa para arrumar pautas?". Achar pautas sempre foi meu ponto fraco e era ainda muito mais fraco àquela altura. Fui direta: "Não. Essa é, na verdade, minha maior dificuldade. Mas acho que tenho outras habilidades que podem compensar isso e acho que, com a experiência, poderei aprimorar essa falha. Tenho facilidade em aprender".
Nesse momento, achei que tudo estaria perdido. Mas, ao longo da entrevista, tive oportunidade de mostrar quais eram, afinal, as tais habilidades que eu tinha e que poderiam compensar. Listei algumas, apontei exemplos.
Por fim, ela perguntou: "E você é boa em entrevistas?".
Nessa hora, não resisti e soltei uma brincadeira: "Quando eu não sou a entrevistada, sim!". Todos riram.
Lição final – Nem sempre sua sinceridade vai lhe permitir dar as respostas "ideais", aquelas que você sabe que todo editor do mundo gostaria de ouvir. Mas, se você tiver sido sincero, ele vai perceber que não é blefe, quando diz que tem outras habilidades, e que poderá contar com elas quando precisar. Se forem as habilidades que o entrevistador busca, a vaga é sua.
Minha banca mais recente foi para uma vaga de repórter da Agência Folha. Era o lugar onde eu mais queria estar como repórter naquele momento.
Em nenhuma prova escrita eu fico nervosa – nem no vestibular, nem nas provas de concursos da Folha, nem na época do colégio. Mas costumo ficar nervosa quando sou entrevistada (como eu disse, em tom de brincadeira, na banca para o caderno de Educação).

Resultado: cheguei à banca tremendo nitidamente. Os três entrevistadores com certeza perceberam meu nervosismo. E a tremedeira era o de menos, já que eu podia esconder as mãos sobre a mesa – o pior foi ter ficado bem menos articulada na hora de defender meus argumentos, que no papel eu consigo expressar de forma muito menos confusa.

Um exemplo: em uma das perguntas, sobre as eleições presidenciais, perdi o foco e, em certo momento, parei de falar. É que percebi que eu ia saltar para as eleições nos Estados sem que ninguém houvesse me perguntado isso e sem necessariamente estar seguindo um raciocínio encadeado.

Os selecionadores com certeza perceberam que eu estava nervosa, mas dificilmente atribuíram minha incongruência apenas ao nervosismo. E preferiram outro candidato à vaga.

Se você é tímido ou não consegue se articular bem quando é entrevistado, eu não sou a melhor pessoa para dar dicas, porque também tenho esse problema. O único conselho em que consigo pensar é a preparação anterior, que poderá te dar argumentos para passar por cima das gagueiras.

Se, mesmo assim, não tiver uma boa resposta para a pergunta que fizerem, demonstre sua disposição para aprender e se aprofundar naquela questão.

É difícil se preparar quando você quer uma vaga para repórter que pode cobrir todo o país, para todas as editorias, como aquela da Agência Folha. Os selecionadores podem lhe perguntar sobre literalmente tudo o que diga respeito ao Brasil, tanto na prova quanto na banca. Por isso sua formação já tem que ser boa e em constante aprimoramento.

O que tentei fazer antes da banca foi pensar em quais perguntas eles poderiam fazer e refletir sobre as minhas respostas. Como moro sozinha, bati altos papos comigo mesma na manhã antes da banca, revendo minhas impressões sobre o noticiário e as habilidades que eu demonstrei em reportagens que fiz.

(Pena que eu seja muito mais cheia de prosa quando sou minha própria interlocutora!)

Mas teria feito melhor se tivesse trocado o "espelho" por alguém experiente, que pudesse me orientar e aconselhar na hora do atropelo.

Como é um processo de seleção - currículos, prova, entrevista

Uma dica é pedir conselhos para quem já participou de várias bancas de forma tranquila. Os amigos sempre podem dar boas sugestões.

No final do processo seletivo, fui informada pelo editor que não tinha conseguido a vaga. Aí eu fiz uma coisa que sugiro a todo mundo: perguntei por quê. Eu precisava de um feedback e me achava preparada para ouvir as críticas – que, obviamente, não são o que mais gostamos de ouvir no mundo, mas são necessárias.

Depois de ouvir – anotando – os problemas apontados pelo editor, pude digeri-los aos poucos. Enquanto traduzi aquelas palavras para o e-mail com as notícias que eu enviaria aos meus pais, pude ponderar minhas falhas.

Isso foi o que eu aprendi. Mas cada um tem seus exemplos de entrevistas bem-sucedidas e malsucedidas.

Um leitor do blog Novo em Folha que já participou de várias bancas, por exemplo, fez uma lista de diversas coisas que um candidato deve fazer para se preparar às entrevistas e durante as conversas.[14] Algumas complementam o que já falamos:

- Se o teste for para escrever uma reportagem, esqueça um pouco o Gay Talese e o sonho do jornalismo literário, e aposte na simplicidade, na concisão e na objetividade.
- Entenda o seu cargo, seja para ser repórter, estagiário, redator etc., pergunte a quem ligar marcando a entrevista como é a função, o que você vai fazer etc. Assim fica mais fácil se preparar.
- Se houver dinâmica de grupo, evite os excessos, não seja muito tímido, não fique muito isolado, evite aquela empolgação desnecessária, não seja excessivamente mandão, apresente opiniões nas horas certas, respeite o espaço de todos.
- Na entrevista, mostre interesse em relação à empresa ou ao veículo e questione; afinal, você também está escolhendo a empresa que pretende trabalhar.
- Não se intimide. Se o selecionador o estiver provocando com perguntas sobre ética jornalística ou comportamento na Redação, não

mostre fraqueza nem agressividade, mantenha o mesmo tom e responda às perguntas com sinceridade.
- Se o mesmo selecionador está fazendo aquela cara de pouco caso, tente despertar a atenção dele. Essa é uma boa hora para fazer aquelas perguntas sobre a empresa e o cargo.
- Por fim: DESLIGUE O CELULAR! E boa sorte para nós!

Acrescentamos ainda algumas dicas:

- Seja pontual; de preferência, chegue alguns minutos mais cedo, para demonstrar interesse e não entrar na sala de forma esbaforida.
- Fale de forma clara, objetiva, sem dar voltas demais e sem abusar das gírias.
- Evite monossílabos, ou ficar calado demais.
- Procure olhar os entrevistados nos olhos (se você for muito tímido, uma dica é descobrir o entrevistado que passa a você maior serenidade e se concentrar no rosto dele).
- Seja transparente e avise que está participando de outros processos seletivos, caso isso seja perguntado.

E a roupa?

É outra coisa que varia de empresa para empresa, de vaga para vaga e, principalmente, de selecionador para selecionador. Há aqueles que valorizam mais a aparência do candidato, outros nem reparam em como você está vestido.

O importante é estar com uma roupa que você usaria em seu trabalho e que não lhe cause nenhum tipo de constrangimento. Ou seja: sem rasgões, decotes, microssaias, barriga de fora, chinelos.

Se o local onde você vai trabalhar exige que esteja sempre de terno (por exemplo, na sucursal de Brasília, ou num programa de TV), não tem problema que apareça na entrevista com traje social também.

Mas se a aparência pode causar boa ou má impressão, seu conteúdo – o que você tem a dizer – é que será decisivo.

O que pensam os selecionadores

Cada editor tem suas prioridades e idiossincrasias, e cada vaga, em cada momento e dependendo do resto da equipe daquela editoria, vai exigir um perfil diferente.

Além disso, seleções são em geral comparativas: dentre alguns candidatos, é escolhido o que parece ser o mais adequado. Ou seja, quem não é selecionado continua tendo grandes chances num outro concurso, pois o fato de não ser escolhido não indica restrições ao seu perfil: quer dizer apenas que outro candidato foi considerado melhor para aquela vaga.

Apenas para dar uma ideia, veja os argumentos apresentados pelos selecionadores em alguns concursos realizados pela Folha.

CASO 1 Concurso para repórter da Folha que trabalharia fora da sede.
Foram contratados dois candidatos:
Candidato A – era um dos mais experientes do grupo. Atualmente é editor-chefe de um jornal do interior do Estado. Bem informado, bem articulado, tem vontade de crescer na carreira.
Candidata B – está há dois meses fazendo frilas para a Folha e tem mostrado um bom trabalho. Antes de ir para o jornalismo impresso, passou por TV no interior paulista.

Avaliação dos candidatos não selecionados:
Candidato C – foi assessor de uma renomada consultoria econômica. Como repórter, só trabalhou num jornal pequeno do interior paulista, é inteligente e esforçado: cursa economia em faculdade renomada do interior do Estado.
Candidata D – trabalhou dois anos num importante grupo de mídia paulista, onde trabalhou em duas publicações, em diferentes editorias. Mora em São Paulo. Ficaria na casa de parentes, mas há o risco de que queira voltar à capital paulista na primeira oportunidade.
Candidata E – faz frilas para edições especiais da Folha. É inteligente e parece ter mais perfil para trabalhar com publicações

semanais. Avaliamos que talvez não aguentasse o tranco da cobertura diária desta vaga específica.

Candidata F – fez uma prova razoável e tem certa experiência em jornais do interior, mas avaliamos que os outros candidatos estavam mais bem preparados.

Note que, nos motivos apresentados para os dois selecionados, aparecem dois tipos diferentes de experiência: no primeiro caso, o candidato tinha trabalhado em vários jornais e ocupado cargo de chefia. No segundo, a candidata era ainda verde, mas havia tido a oportunidade de mostrar suas qualidades fazendo frilas.

O candidato C tem muito mais experiência que a B, mas os selecionadores ficaram em dúvida sobre seu grau de comprometimento com a vaga.

Não há como escapar, em qualquer seleção, de julgamentos subjetivos como os apresentados para os candidatos C e D. Isso faz parte do processo e não há nada de errado: a vida profissional envolve também relacionamentos, afinidades de personalidade, simpatias e sintonia de interesses.

CASO 2 Concurso para repórter on-line de economia.

Houve dúvida entre dois candidatos:

Candidata A – fez programa de treinamento do jornal e, embora com menos experiência, já havia coberto economia.

Candidato B – trabalha em jornal importante, mas sempre cobriu política.

A preferência foi dada à candidata A, por ter demonstrado mais conhecimento da área específica de cobertura.

Candidatos não selecionados:

Candidata C – tem pouca experiência em jornal ou site – trabalhou quase só em assessoria de imprensa.

Candidata D – prefere cobrir política; não tem experiência em jornal ou site.

CASO 3 Concurso para redator de internacional (jornal impresso).

Candidata A (selecionada) – trabalhou três meses na cobertura on-line de internacional. Foi muito bem na prova e na entrevista. Tem experiência em rádio noticiosa de São Paulo.

Candidato B – fez o programa de treinamento do jornal, tem experiência na Folha impressa e teve bom resultado na prova, mas demonstrou menos conhecimento que a outra candidata sobre o tema de cobertura.

CASO 4 Concurso para repórter on-line de tecnologia.

Houve dúvida entre dois candidatos:

Candidato A – foi bem na prova, já fez frilas para a Folha, mas ficou muito nervoso na entrevista.

Candidato B – jovem, formada em boa faculdade, experiência só em estágios. Foi muito bem na entrevista.

Optamos pelo primeiro porque já tinha experiência. Quando ele começou a trabalhar, a editora fez o seguinte comentário: "O nervosismo foi mesmo só na entrevista. Já deu um furo logo no primeiro dia".

9 As seleções nos grandes veículos

Cada veículo tem seu método de seleção. Alguns trabalham com banco de currículos, aberto durante todo o ano. Outros abrem concursos e só recebem currículos para as vagas específicas que estão abertas.

Alguns oferecem estágios, outros preferem trainees, e há os que não têm nada disso. A ideia deste capítulo é mostrar quais são os caminhos que você precisa percorrer para conseguir sua vaga nos principais veículos do país. Conversamos com recrutadores, editores de treinamento e chefes de Recursos Humanos para saber como trabalhar em diferentes empresas. Abaixo, fizemos um resumo, mas você pode ver todos os detalhes de cada veículo no site http://is.gd/biOLw.

Folha (São Paulo)

Na Folha não há estágio. Há três principais maneiras de conseguir trabalhar no jornal: entrando no programa de treinamento, que abre turmas duas vezes por ano, oferecendo frilas e prestando concursos para vagas de contratado.

O jornal não possui banco de currículos e só aceita currículos para vagas específicas, quando elas estão abertas. Elas são sempre divulgadas no www.folha.com.br/trabalhe e em anúncios no jornal, e cada vaga pede pré-requisitos específicos (veja no capítulo 3).

O processo seletivo tem sempre três fases: seleção de currículos, teste de conhecimentos gerais e específicos e entrevista com uma banca formada pelo editor da vaga, o editor de Treinamento e um representante da Secretaria de Redação.

Já o programa de treinamento está sempre com vagas abertas. Você pode se inscrever em qualquer época do ano e estará concorrendo a uma das duas turmas do ano seguinte. O processo seletivo tem quatro etapas: análise das fichas de inscrição, teste de questões fechadas, prova discursiva e a semana de palestras, com entrevista.

Grupo Abril (São Paulo)
O Grupo Abril tem um banco de currículos aberto o ano inteiro, tanto para as vagas de estágio como para as vagas efetivas. Outra forma de entrar nas revistas do Grupo é por meio do Curso Abril de Jornalismo, que ocorre em janeiro e fevereiro. Não é preciso ter diploma de jornalismo para participar do programa.

O Globo (Rio de Janeiro)
O Grupo Infoglobo, que seleciona para os jornais O *Globo*, *Extra* e *Expresso*, possui um banco de currículos, aberto o ano inteiro, e um banco específico para estagiários, que fica aberto no segundo semestre de cada ano. Parte dos estagiários, depois do período de estágio, é selecionada para atuar como trainees.

O Estado de S. Paulo (São Paulo)
O jornal possui 25 vagas fixas de estagiários e eles são substituídos sempre que surge demanda. As vagas abertas são divulgadas em anúncios no jornal e também em sites voltados para jornalistas. Os interessados enviam currículos e, quando há vagas, passam por um processo seletivo. Outra porta de entrada no Grupo Estado é o Curso Estado de Jornalismo, que ocorre uma vez por ano. Dos participantes do curso, 45% estiveram ou ainda estão trabalhando no Grupo.

Rede Globo e G1 (Rio de Janeiro e São Paulo)
O site http://bancodetalentos.globo.com aceita inscrições para as vagas efetivas e para o programa "Estagiar". A graduação em jornalismo é exigida nos dois casos.

Diários Associados (Minas Gerais)
O processo seletivo vale para todos os veículos do grupo: jornais

entrevista
Mílton Jung

Fui adotado pelo jornalismo

Antes de trabalhar com jornalismo, você já tinha feito algum outro trabalho?

Sou um péssimo exemplo para os iniciantes. Ao menos como fonte de inspiração para dar os primeiros passos na profissão. Tendo nascido em família de alguns jornalistas – meu pai, meu tio e meu padrinho são e eram –, estive próximo da profissão desde novo. E com ela convivi na infância e adolescência até encará-la profissionalmente nos primeiros anos da década de 1980.

Antes de me transformar em jornalista, porém, trabalhei como técnico de basquete, dei aula de educação física e recreação e fiz curso para atuar com crianças deficientes – sempre no campo esportivo, influenciado pelos 13 anos de basquetebol como atleta, apesar da minha altura: intermináveis 1,74 m. Cheguei a me iniciar na faculdade de educação física, mas não completei o curso, pois já havia sido adotado pelo – ou adotado o – jornalismo.

Acha que sua experiência anterior foi útil como jornalista?

Sim, principalmente porque meu início como jornalista foi na cobertura esportiva – inicialmente como produtor, repórter e locutor de rádio de um programa sobre esporte amador e, em seguida, como repórter de futebol.

Além do tema, outras experiências obtidas durante minha carreira pré-jornalismo foram fundamentais para o desenvolvimento do meu trabalho: relacionamento com grupos, liderança de equipe, habilidade de me comunicar com comunidades adversas, espírito de competição, por exemplo.

Como conseguiu o primeiro emprego de jornalista? Teve que enviar muitos currículos, fazer muitas entrevistas, teve muitas dificuldades?

Tendo vivido dentro da Redação, não precisei de currículo, entrevistas ou qualquer outro método de contratação. O estágio foi oferecido na rádio onde meu pai trabalhava, por solicitação dele.

Estado de Minas e *Aqui*, TV Alterosa, Guarani FM, Teatro Alterosa e portal UAI.

O jornal possui uma parceria com a universidade PUC-Minas, que seleciona dez dos 20 estagiários para trabalhar a cada semestre. Eles possuem um banco de currículos aberto durante todo o ano, pelo e-mail cadastro.talento@uai.com.br. Houve um programa de trainee durante três meses de 2008, mas ele está suspenso, sem previsão de volta.

Desde então, troquei de área, troquei de empresa, troquei de veículo, troquei de Estado sem nunca ter necessidade de apresentar um só currículo.

Verdade seja dita, antes de ser contratado pela TV Globo, em São Paulo, fiz um teste na disputa de uma vaga de repórter da madrugada. Não conhecia São Paulo, mas o destino me trouxe para cá no momento certo. Em visita a amigos, soube que a emissora buscava um profissional. Fui apresentado por um dos amigos ao chefe de reportagem que me convocou para o teste. Saí à noite, com uma equipe de cinegrafista ao lado e uma pauta na mão. Fechei a reportagem e dois dias depois fui chamado para trabalhar lá.

Mílton Jung é âncora do programa CBN São Paulo, da rádio CBN, onde trabalha desde 1998. Gaúcho, começou na rádio Guaíba, em 1984. Atuou no jornal Correio do Povo, no SBT e na rádio Gaúcha antes de vir para São Paulo em 1991, para trabalhar na TV Globo. Trabalhou também na Cultura, na Rede TV! e no Jornal do Terra. É autor de *Jornalismo de Rádio* (Contexto) e *Conte sua História de São Paulo* (Globo) e assina o Blog do Mílton Jung.

Na íntegra da entrevista, Mílton Jung fala de seu período na faculdade e em estágios, de seu perfil multimidiático e de um mico que passou por não estar com a roupa certa: http://is.gd/biTqL.

Do lado esquerdo, com o microfone na mão e aos pés do jogador do Grêmio, que recebe o troféu de tricampeão gaúcho, em 1987.

Um portal, recentemente criado, passará a centralizar cadastros de currículos para todos os tipos de vagas para o veículo: www.admite-se.com.br.

Grupo RBS (Rio Grande do Sul e Santa Catarina)

O processo seletivo vale para os oito jornais impressos do grupo (*Zero Hora*, *Diário Gaúcho*, *Diário de Santa Maria* e *Pioneiro*, do Rio Grande do Sul, e *Diário Catarinense*, *Hora*, *A Notícia* e *Jornal de Santa*

Catarina, de SC), os on-lines desses jornais, 25 estações de rádio (RS e SC), quatro portais de internet e três canais de TV (RBS TV, afiliada Rede Globo, TVCOM e Canal Rural).

Há vagas de estágio, trainee, contratação e do programa Caras Novas, para as emissoras de TV. A inscrição em qualquer um dos processos seletivos começa com cadastro no site www.gruporbs.com.br, link "Talentos". Sempre é preciso estar no curso de jornalismo.

Carta Capital (São Paulo)
A revista possui uma vaga de estagiário, que dura seis meses, renováveis por mais seis. O curso de jornalismo é preferido, mas não obrigatório. Os currículos são recebidos pelo redação@cartacapital.com.br e os selecionados são chamados para uma entrevista.

Portal Terra (São Paulo)
O "Trabalhe conosco" deles recebe currículos o ano inteiro. Lá mesmo é possível saber quais são as vagas abertas, inclusive de estágio. O curso de jornalismo não é obrigatório.

SBT (São Paulo)
Eles recebem currículos o ano inteiro pelo "Trabalhe conosco" do site www.sbt.com.br, mesmo para vagas de estagiário. É obrigatório o curso de jornalismo. Os selecionados podem atuar nas regionais de Belém, Brasília, Rio de Janeiro, Nova Friburgo, Porto Alegre, Ribeirão Preto e Jaú.

Jornal do Commercio (Recife)
O processo seletivo vale para todo o Sistema Jornal do Commercio de Comunicação: além do jornal, a TV Jornal, o Rádio Jornal, o Rádio JC/CBN e o JC Online. É preciso se cadastrar no "Trabalhe conosco" do www.jc.com.br, mesmo para as vagas de estágio. A graduação em jornalismo (ou radialismo, para os trabalhos na rádio e TV) é obrigatória. Quem não é selecionado imediatamente, mas demonstra potencial, é cadastrado em um "banco de talentos" interno e chamado

em novas oportunidades. Estagiários do grupo também podem concorrer à vaga de estagiário multimídia, circulando por todos os veículos do grupo.

Correio Braziliense (Brasília)
O curso de jornalismo é obrigatório. Os currículos devem ser enviados para anuncio.df@diariosassociados.com.br e os selecionados passam por testes, dinâmicas e entrevistas.

Além desses processos seletivos, muitos veículos aceitam indicações de pessoas para alguns cargos – de estágio, de frila ou para cargos estratégicos, por exemplo.

A indicação não é necessariamente a forma de seleção preferida dos veículos e, além disso, muitos indicados ainda precisam passar pelos processos seletivos – testes, entrevistas – antes de assumirem os postos.

Mas é outra forma de seleção adotada em alguns casos pelo Grupo Abril, *Estado de S. Paulo*, Rede Globo e G1, Diários Associados em Minas, *Carta Capital*, SBT e *Correio Braziliense*.

10 Não passou? Comece de novo.

Você passou por uma triagem de vários currículos, foi aprovado num teste, talvez tenha passado por uma dinâmica de grupo e várias outras etapas e, por fim, chegou até as entrevistas.

Mas "não foi desta vez" – expressão que iremos ouvir muito ao longo de nossas vidas profissionais.

Como contamos no capítulo 8, isso pode acontecer com qualquer um. Fazemos várias seleções ao longo de nossa carreira profissional, não somos selecionados em boa parte delas, ficamos frustrados, mas sempre aprendemos com as críticas e as novas tentativas.

Às vezes, nosso currículo e nossas qualificações são muito boas, a ponto de chegarmos à última etapa do processo seletivo.

Mas os concorrentes são melhores.

Ou foram melhores naquele processo. Ou atenderam melhor às qualificações exigidas para aquela vaga específica, naquele momento.

Existem milhões de combinações possíveis de uma turma de dez trainees, a partir dos 40 pré-trainees que são selecionados para a semana de palestras da Folha. Vejam que dificuldade "monstra" para escolher a turma final! Muita gente boa fica de fora do programa de treinamento – e acaba entrando em outras tentativas, ou consegue emprego no jornal por meio de outros concursos.

Assim como os 30 pré-trainees que a cada semestre não entram no programa, nós não podemos desanimar. Temos que tentar preencher nossas lacunas, tentar refletir sobre os problemas do nosso desempenho e começar sempre de novo.

Se você tiver acabado de ser reprovado em um processo seletivo, é natural que sua reação a este texto seja: "Fácil falar!".

Realmente, é bem mais fácil dizer aos outros que eles devem ficar tranquilos, que não podem desanimar, que precisam saber ouvir as críticas, do que tomar essa atitude quando nós é que estamos frustradíssimos com nosso desempenho em uma seleção.

A autoestima costuma piorar ainda mais quando acabamos de ser demitidos e temos que recomeçar.

Mas não adianta ficar sofrendo, achando que tudo perdeu o sentido, certo? Até porque sofrimento não paga o aluguel. Então temos que pensar nas melhores formas de superar uma demissão, uma reprovação, um "corte de gastos". Eis algumas:

■ Procure saber por que você foi reprovado no exame ou demitido do trabalho. Um bom exemplo é o deste candidato, que mandou a seguinte mensagem:

"Oi, Ana Estela, tudo bem?
Como disse a você no telefone, gostaria de saber se existe algum problema no meu currículo ou na forma de me apresentar. Já trabalhei com jornal, tenho experiência e ficaria contente em, ao menos, participar da fase de testes para uma vaga. Fico frustrado em não conseguir ao menos mostrar a minha cara na Folha de S.Paulo.
Segue o meu currículo para você analisar.
Muito obrigado pela ajuda,
Fulano de Tal"

É uma mensagem bem sóbria, objetiva, que apresenta as qualidades que ele têm e aponta para o futuro, sem questionar a decisão do selecionador. Se o editor der uma resposta franca, ele só terá a ganhar (nesse caso específico, a Ana achou que ele realmente tinha um bom currículo, com chances de ser chamado para as provas, e sugeriu que ele persistisse).

■ Ouça as críticas e, se possível, anote-as para poder refletir friamente sobre elas depois (quando a gente não anota e depois fica

entrevista
Eliane Cantanhêde

Quem quer estabilidade vá para o serviço público

Nas vezes em que lhe ofereceram mudar de empresa ou de função, que sensação teve? Ficou em dúvida? Teme arriscar? Nunca teve medo de arriscar? Recusou propostas? Como é que é mudar de emprego ou função pra você?

É engraçado, porque apesar de toda a ousadia, o impulso pelo novo, pela descoberta, sou muito conservadora na hora de mudar de emprego. Mudei muito de emprego pelas circunstâncias. Já fui de todos os jornais (*OESP*, *Folha*, *JB*, *O Globo*, *Gazeta Mercantil*), fui da *Veja*, da TV Cultura, do SBT.

Mas tenho certa dificuldade de mudar de emprego.

Imagina se não tivesse, então...

Pois é. Mas fui durante muitos anos recordista de permanência na *Veja*. Fiquei oito anos.

Por quê? Nesse período você recusou propostas?

Sim. Sempre tive muitas propostas. Posso contar uma coisa sem modéstia nenhuma? Um lugar muito difícil pra mim foi *O Globo*. Era uma função estratégica, diretora da sucursal de Brasília, vindo do *JB*, que era concorrente. Fui chefiar quem competia comigo, num momento de muita ebulição de trocas de chefias, e sem conhecer os códigos de convivência do *Globo*.

Fui demitida, um ano depois. Na semana em que fui demitida, tive cinco convites de emprego.

Antes do primeiro convite, você teve medo? Achou grave ter sido demitida ou imaginou que tudo se resolveria rapidamente?

É o que eu digo: quem quer estabilidade vá para o serviço público. Em jornalismo não existe estabilidade.

Essa não foi a única vez em que fui demitida. Fui demitida duas vezes, e já demiti muita gente. É muito mais doloroso demitir. Ser demitida mexe muito com seu ego, com a autoestima, mas eu era compensada muito rapidamente.

mastigando as palavras, tendemos a requentá-las de uma forma negativa para nossa autoestima, ou rancorosa em relação ao ex-chefe).

■ Invista nas maneiras de melhorar os problemas apontados pelos selecionadores ou pelo chefe que te demitiu. Se seu texto é que está ruim, procure praticar redação. Se você cometeu muitos erros de apuração, aprimore suas técnicas de checagem (sobre isso, vale ler o livro *Jornalismo Diário*).

■ Não entre em pânico. Talvez você tenha sido demitido por razões

Eliane Cantanhêde é carioca, jornalista formada pela UnB e trabalha na Folha desde 1997, assinando a coluna Brasília na página A2. Assina também a coluna Pensata da Folha.com às quartas-feiras.

Na íntegra da entrevista, Eliane Cantanhêde conta como conseguiu o primeiro emprego, por que acha que passou na vaga, diz que decidiu ser jornalista aos 14 anos (e que a precocidade pode ter sido uma desvantagem), fala do intercâmbio que fez e em como se especializou em política: http://is.gd/biTRF.

No centro, Juscelino Kubitschek; à direita dele, José Rubens Pontes; à esquerda, Carlos Henrique Almeida Santos. Na segunda fileira, Álvaro Pereira, André Gustavo Stumpf, Pompeu de Sousa, Ricardo Penna, Eliane Cantanhêde, Luiz Humberto Miranda Martins Pereira e Marinilda Carvalho. Na terceira fileira, Valdimir Diniz, Márcio Varella, "Irmão" (teletipista) e o motorista da redação. Na redação da "Veja" em Brasília, em 1976.

totalmente independentes de seu desempenho (crise econômica, crise do veículo ou mudanças editoriais, por exemplo).
- Procure outras formas de trabalho enquanto não consegue um novo emprego. Faça frilas, produza textos para um blog, ofereça trabalhos para diferentes veículos, tente se especializar em algum tema.
- Dê uma recauchutada em seu currículo.
- Converse com os colegas e divulgue que está disponível para novas ofertas de trabalho.

Essa última dica é muito melhor do que você imagina. O mercado de trabalho no jornalismo é muito dinâmico e há alta rotatividade nas empresas – até pelo perfil dos jornalistas, que tendem a querer mudanças com mais frequência que outros profissionais.

Além disso, muitas empresas trabalham com vagas de indicação (veja em capítulo anterior). Se, durante sua carreira, tiver feito contatos que sabem que seu trabalho é bom e que você é um jornalista bem-disposto e empenhado, seus colegas não hesitarão em indicá-lo para novas vagas.

É o que aconselha um jornalista que começou há quase 40 anos: cultive sua "rede de solidariedade". São os contatos profissionais que você vai fomentar ao longo de toda a vida e que serão maiores e mais interessados em seu sucesso quanto mais qualificações você possuir. Tanto as qualificações técnicas quanto as que dizem respeito à capacidade de se relacionar bem com sua equipe de trabalho.

No auge de uma crise, a rede de solidariedade fará muita diferença em sua vida. Por meio dela, você ficará sempre por dentro das oportunidades de trabalho.

Vale a pena começar a cultivá-la desde a época da faculdade, seguindo aquelas dicas que demos no capítulo 3.

A rede de solidariedade se torna ainda mais útil quando você perdeu o emprego em sua cidade natal e agora quer tentar novas oportunidades em outro lugar.

É sempre mais difícil chegar em uma cidade estranha sem conhecer ninguém. Além das dificuldades normais para se conseguir um novo emprego, você ainda precisa se adaptar a outra geografia, outros hábitos, novas rotinas.

Portanto, explore bem sua rede de contatos antes de se mudar, para ver quem você conhece que está naquela cidade. Pergunte a amigos de amigos. Verifique os nomes dos repórteres dos jornais locais, para ver se algum é familiar. Navegue por redes de contatos profissionais on-line, como o www.linkedin.com. Divulgue em sua rede de solidariedade local que você pretende se mudar e gostaria de ter contatos na nova cidade, para ajudar nos primeiros momentos (e, quem sabe, se tornar seu amigo!).

Outra providência que deve ser tomada antes de uma mudança às cegas é entrar em contato com os principais veículos daquela cidade e se informar sobre os processos de seleção, as perspectivas de contratação, os perfis que eles procuram etc. Agende conversas prévias e marque reuniões para quando já estiver na nova vida.

Uma dúvida muito comum é se vale a pena tentar a mesma vaga diversas vezes ou se, depois de ouvir muitos "nãos", é melhor partir para tentativas em outras empresas.

A resposta depende do que você realmente quer. Se sua meta é trabalhar naquele veículo, insista.

É claro que você não deve ficar sem nenhum trabalho por vários meses só por estar tentando uma vaga para determinada empresa. É possível fazer frilas ou aceitar trabalhos temporários e continuar tentando a vaga que você mais ambiciona.

Enviar o currículo para a mesma vaga várias vezes "pega mal"? De forma alguma. Na verdade, reforça seu interesse e persistência. É importante, porém, procurar descobrir por que você foi preterido, para saber se tem chances reais numa nova seleção ou, quando for o caso, para trabalhar no sentido de sanar a lacuna apresentada pelo selecionador.

Você pode aumentar suas chances se atualizar os currículos a cada nova tentativa e se se apresentar mais uma vez, para ajudar a memória do editor. Por exemplo:

"Boa tarde,
Eu me inscrevi para esta vaga há dois meses e continuo interessado como nunca.
Envio anexo meu currículo com as informações atualizadas sobre minhas últimas experiências profissionais.
Desde a conversa com o selecionador após a última prova, aprimorei meus conhecimentos disso e disso e hoje me considero ainda mais apto para a função, por tais e tais razões."

Você pode não ter sido selecionado da outra vez porque seus concorrentes eram muitos melhores, mas agora já está mais preparado para o processo seletivo, conhece seus recrutadores, eles também o conhecem e seu interesse está em evidência. Além disso, você sabe quais foram os pontos fracos que eles viram e já procurou superá-los. Tudo isso representará um trunfo a mais e aumentará suas chances.

11 Os primeiros dias de trabalho

Há várias formas de começar em um trabalho novo. Você pode cair de paraquedas em uma grande Redação logo depois de formado, pode engatar um emprego ao concluir um estágio, pode ter passado por um treinamento como o da Folha e o de outras empresas de comunicação, pode ter sido indicado por alguém. Mas uma coisa é comum a todas essas vias: a tensão.

A maioria dos trainees que descreveram no blog Novo em Folha como foram seus primeiros passos no jornal usou essa palavra – tensão. Ricardo Sangiovanni,[15] por exemplo, disse o seguinte:

> Não há treinamento que chegue para aplacar por completo a tensão do primeiro dia de trabalho. Porque, esteja (e sinta-se) ou não preparado o sujeito, entre ele numa editoria tranquila ou noutra mais efervescente, demonstre ele estar mais ou menos tenso... a tensão, na real, está lá. Começar é sempre a mesma coisa.
>
> Não tremi nas bases nem gaguejei, mas confesso: fiquei ansioso. Mas mantive olho vivo no trabalho e atenção aos toques dos colegas.
>
> Trabalho feito, fim da jornada. Ou não, ainda: e o medo do famigerado "Erramos"?
>
> Saber bem como se faz e fazer tudo bem feitinho, com esmero (escrever, ler, reler, reler, escrever, ler, reler), não nos blinda dessa sensação menor – lembrem-se: trata-se do primeiro dia de trabalho na Folha! Tranquilidade mesmo, rapazeada, só no dia seguinte, quando você cumprimenta a editora e tem certeza de que o primeiro "Erramos" da sua vida não foi no seu primeiro dia de trabalho.
>
> [...] Mas ainda falta a primeira semana, o primeiro mês, o primeiro semestre, o primeiro ano... êta vida longa!

Outro ex-trainee, Ricardo Viel,[16] comparou a profissão com a de um domador de leões – com todos os riscos e o inevitável frio na barriga de quem pegou o chicote pela primeira vez.

Os primeiros dias muitas vezes são cheios de dúvidas e de inseguranças. É que jornalistas costumam se deparar com situações improvisadas e a experiência é a maior vacina contra os percalços que surgem à nossa frente.

Por exemplo, pode acontecer de, no primeiro dia na Redação, você escutar jargões que não fazem o menor sentido. Aos poucos, se acostuma com as expressões usadas no trabalho, mas no começo o jeito é perguntar.

Expressões como "olho", "bigode", "sobrancelha", "linha fina", "lupa", "vinheta", "abre", "retranca", "intertítulo", "subtítulo", "morcego", "side"... elas não acabam! E variam também de região para região, de área para área e até de veículo para veículo.

Certa vez um trainee recebeu a seguinte pauta: vá ao evento político e faça uma matéria de "clima". Quando foi escrever sua matéria, não hesitou: "Fez muito calor durante todo o evento. Embora o céu estivesse nublado, não choveu".

Ele levou ao pé da letra o "clima" e observou a meteorologia do dia. Se soubesse o jargão, teria feito uma matéria com a descrição do ambiente: quem estava presente, se houve algum fato inusitado, se o político levou claque para aplaudir, se houve manifestantes etc.

Uma leitora do blog passou por saia justa parecida: ela estava começando numa rádio e teve que fazer uma entrada ao vivo. Seu editor ligou, pouco antes, para avisar que ia "dar um retorno" em breve. Ela achou que isso significava que ele ligaria mais tarde. Desligou. Mas, na verdade, ele queria que ela ficasse na linha: "dar retorno" é um jargão que significa chamar o repórter para que ele entre ao vivo. Quando o locutor foi chamá-la, ela não estava mais na ligação.

Nos dois exemplos acima, os repórteres tinham certeza de que estavam fazendo certo. O jeito é redobrar a atenção nos primeiros dias. A repórter de rádio poderia ter prevenido o mico de uma forma simples: com um "como assim?". Perguntar quando não temos certeza é uma das melhores formas de evitar constrangimentos.

Mas nem sempre nos damos conta de que não entendemos mesmo.

Além de sempre perguntar quando tiver dúvidas (aproveite o fato de você ser novato e todos saberem disso!) –, algumas outras dicas podem ser úteis para você nesses primeiros dias.

- Consulte colegas mais experientes que você. Eles podem indicar fontes ou caminhos mais fáceis para começar uma tarefa.
- Converse com o pauteiro e com o editor ao longo do dia, para entender bem o que querem de você, para avisar como está o andamento da apuração e, principalmente, para alertar se sua apuração estiver empacada.
- Procure no arquivo do jornal matérias relacionadas com o tema de sua pauta, para se contextualizar e descobrir possíveis fontes que você não tinha.
- Não tenha vergonha de perguntar ao entrevistado quantas vezes forem necessárias até que você tenha entendido de fato o que ele disse ou checado bem uma informação duvidosa.
- Consulte um redator experiente no momento de escrever sua matéria, de medir o texto. Isso vai evitar que o fechador tenha trabalho desnecessário na hora mais corrida do dia (o fechamento).
- Grave todas as entrevistas. Mas também anote tudo, porque transcrever toma muito tempo e você talvez precise fechar rapidamente seu texto.
- Observe seus outros colegas. Você pode aprender várias coisas só de prestar atenção em como um colega experiente entrevista uma fonte. Ou acompanhando um repórter para ver como ele organiza o tempo, como obtém declarações marcantes, como se comunica com a Redação.
- Cheque com muito cuidado as grafias de nomes e passe um corretor ortográfico depois de terminado o texto.
- Converse com os colegas ou leia os arquivos para se inspirar antes de escrever o lide. Ou pense em como você começaria a contar aquela história para um amigo.

- Procure se programar para terminar sempre o seu texto meia hora antes do deadline, pelo menos. Assim você terá tempo de reler antes de entregá-lo ao fechador.
- Se der tempo, mostre seu texto para alguém de confiança fazer uma crítica e dar sugestões.
- Sempre estude a experiência. Reflita sobre seu trabalho: o que eu fiz de errado? Por que mexeram no meu texto? O que aprendi?
- No dia seguinte, leia o jornal com muita atenção, comparando o texto que você escreveu com o que saiu publicado – e com o que saiu publicado nos outros veículos, se a pauta também tiver sido abordada por eles.

Também é comum que essas perguntas fiquem martelando em sua cabeça ao longo da noite. Você pode se sentir ansioso e sonhar com o jornal. Pode ficar pensando se vai dar um "Erramos" no dia seguinte (errar, por si só, é muito chato, mesmo que seu veículo não tenha uma seção que explicite esses erros).

Tenha em mente que o medo e a insegurança são absolutamente normais. O que não dá é para ter medo e só. É preciso tomar os cuidados acima e estar sempre aberto para o aprendizado; do contrário, você nunca vai para a frente.

Cole nos mais velhos

Pauta não escolhe o dono. Você pode estar em busca de suas histórias e, de repente, se deparar com uma bomba no seu colo. Isso pode acontecer mesmo se seu colo for inexperiente e esta for sua primeira bomba. Mas é natural que não se sinta preparado para levá-la adiante.

A história é sua, foi você quem começou a apurá-la e tem mais é que correr atrás. Mas pense que a reportagem poderia ficar muito melhor se você tivesse toda a malícia que anos de experiência nos dão.

A solução para esse conflito é simples: faça a reportagem em equipe.

Ouvimos do experiente repórter Rubens Valente que, sempre que pode, ele faz reportagens em dupla. Além disso, "o mais indicado é que as duplas sejam formadas por iniciativa dos próprios repórteres. Trabalhar numa dupla imposta (pela chefia ou pelas circunstâncias) às

entrevista
Laura Capriglione

Não sabia nada de jornalismo

Qual era sua principal lacuna?
Todas. Eu não sabia nada de jornalismo.

Lia muito jornal, lia a Folha religiosamente. (Nessa época todo mundo tinha orgulho de andar com jornal debaixo do braço. Tinha os idiotas que não liam jornal e tinha a gente que lia jornal, lia revista, sabia o que estava acontecendo.)

Mas, fora isso, tinha todas as lacunas possíveis. Me lembro que quando entrei aqui tinha uma superfechadora chamada Rose, que era brava. Ela chegou assim: "LAURA, PASSA A RETRANCA!". Meu deus do céu, eu não tinha a menor ideia do que fosse uma retranca! Eu quase chorei nesse dia.

Eu nunca tinha me preocupado em escrever profissionalmente, então tinha lacunas de gramática. Nessa época a Folha era uma escola de formação mesmo. Era muito bom pra suprir esse buraco que eu tinha na minha formação.

Se fosse escolher um jornalista para trabalhar com você hoje, quais características procuraria?
Eu ia procurar uma formação cultural geral, que tivesse uma boa base. Mas eu acho que o mais importante é que o cara tenha entusiasmo com a vida.

Laura Capriglione é repórter especial da Folha, onde começou a carreira na editoria de Educação e Ciência, em 1986. Foi diretora do jornal *Notícias Populares*, editora-executiva da revista *Veja*, diretora de novos projetos da Editora Abril e diretora de revistas femininas da Editora Globo.

Na íntegra da entrevista, Laura Capriglione conta como foi sua primeira entrevista de emprego e que diz que só conseguiu a vaga porque seu marido à época ficou doente e perdeu o lugar: http://is.gd/bjjKD.

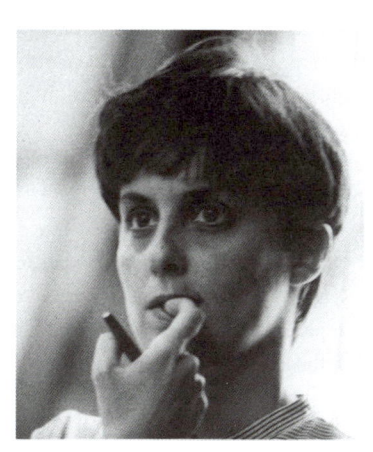

No começo de sua carreira.

entrevista
Eliane Brum

Grudei em quem percebi que podia me ensinar

Qual era sua maior lacuna quando começou a trabalhar?
Eu fui aprender mesmo fazendo. Vi na Redação do *Zero Hora* qual era o repórter que fazia as coisas mais legais, que podia me ensinar e grudei nesse repórter, enchi o saco dele. Era o Carlos Wagner. Ele me ensinou muito, desde apuração, até como conseguir fazer as matérias passarem, como me mexer lá dentro da Redação.

Como você se aproximou dele?
Eu ia lá e perguntava. Quando tinha uma pauta, discutia com ele. Se eu brigava com alguém, ia conversar com ele. Fui aprendendo. Eu sabia que tinha que aprender não só a fazer reportagem mas também a me mexer. Ele me enchia o saco, todo dia que passava por mim dizia: "E aí, foquinha!". Aí um dia fui bem desaforada com ele e ficamos amigos.

Eliane Brum é jornalista e documentarista. Trabalhou 11 anos no jornal *Zero Hora*, de Porto Alegre, e foi repórter especial da revista *Época*, em São Paulo. Publicou três livros-reportagem. Pelo primeiro, *Coluna Prestes – o Avesso da Lenda* (Artes e Ofícios, 1994), recebeu o Prêmio Açorianos de Literatura como autora-revelação. O segundo, *A Vida que Ninguém Vê* (Arquipélago Editorial, 2006) venceu a 49ª edição do Prêmio Jabuti, na categoria livro de reportagem. Em 2008, lançou *O Olho da Rua – uma Repórter em Busca da Literatura da Vida Real* (Editora Globo). Como repórter, Eliane ganhou mais de 40 prêmios de jornalismo, nacionais e internacionais. Entre eles: Esso, Vladimir Herzog, Ayrton Senna, Líbero Badaró, Sociedade Interamericana de Imprensa. Seu documentário de estreia, *Uma História Severina* (2005), no qual é codiretora e roteirista, ganhou mais de 20 prêmios nacionais e internacionais.

Na íntegra da entrevista, Eliane Brum fala de um prêmio que ganhou ainda na faculdade de jornalismo e que, se não fosse por um professor, teria largado o curso e a carreira. Diz que a maior dificuldade que sentia, quando foca, era a de ter a própria voz. E conta como foi sua primeira experiência em TV, depois de 20 anos trabalhando em veículos impressos: http://is.gd/bjjWd.

No primeiro plantão de polícia, em julho de 1988, durante estágio no jornal *Zero Hora*.

vezes pode ser uma grande fonte de dissabores. É preciso haver um certo grau de confiança recíproca", ele disse.

Quando você faz em dupla, pode discutir a pauta, tentar outros caminhos, trocar energia e disposição nas horas de aperto, ampliar o leque de abordagens em muito menos tempo.

Procure aquele colega que já tem mais experiência e que lhe pareça ter disposição para compartilhar truques e manhas. De preferência, um colega com quem você se dê bem, não só como amigo, mas profissionalmente. O essencial é que o trabalho em dupla enriqueça o resultado final, e não que se torne uma competição a dois.

Um exemplo clássico é o trabalho dos repórteres Bob Woodward e Carl Bernstein, do *Washington Post* que, juntos, apuraram o caso Watergate.[17]

O primeiro contato dos dois foi quando Carl refazia o texto de Bob e eles se confrontaram. Bob era mais inexperiente, Carl era mais velho. Aos poucos, descobriram que o trabalho conjunto os guiava para o maior furo jornalístico de todos os tempos e que acabaria por derrubar o presidente Richard Nixon.

A história da dupla virou livro e foi imortalizada no cinema por Robert Redford (Bob) e Dustin Hoffman (Carl) no filme *Todos os Homens do Presidente*.

Depois de ver o filme, ninguém consegue imaginar essa reportagem sendo feita só por um dos dois repórteres – nem pelo inexperiente Bob Woodward, que via bombas caindo em seu colo a partir de offs do "Garganta Profunda", tampouco pelo desorganizado e pouco metódico Carl Bernstein.

RELATO DA CRIS:

As principais reportagens que pude fazer até hoje foram feitas em dupla. Desde os tempos de faculdade.

Na Folha, colei na amiga Cíntia Acayaba, que se sentava ao meu lado e sempre tinha boas ideias para pautas especiais. Ela é jovem, mas contava muito mais tempo de experiência do que eu e estava sempre aberta para discutir e trocar ideias.

Duas reportagens que fizemos em dupla me marcaram. Uma delas foi um levantamento nacional do número de delegados de polícia que havia em cada Estado e quanto deveria haver, de acordo com as leis locais. Concluímos que havia um deficit enorme de delegados no país, agregando informação num momento em que policiais civis de todo o país faziam manifestações e greve.

Outra foi um levantamento nacional das taxas de criminalidade de cada Estado, que nos possibilitaram traçar um mapa de criminalidade aos moldes do que a Secretaria Nacional de Segurança Pública não fazia desde 2005.

Como levantamentos desse tipo são trabalhosos, porque é preciso coletar muitos pequenos dados, somá-los, tabulá-los e transformá-los em pauta depois de ouvir especialistas, eles demorariam muito tempo e incorreriam em muitos erros se não tivessem sido feitos em dupla.

Também me marcou uma reportagem que fiz em dupla com o colega Gustavo Hennemann sobre problemas ambientais existentes numa cidade do Triângulo Mineiro onde existe uma mineradora da Votorantim.

Durante a apuração, lemos diversos documentos e leis sobre questões ambientais e políticas e debatemos muito cada detalhe da pauta, tornando todo o processo de levantamento de informações muito mais rico. Quando viajei até a cidade, o Gustavo me ajudou fornecendo e checando dados por telefone, da Redação, tornando o trabalho em dupla muito mais eficiente.

Uma última dica: você ganha pontos se for genuinamente interessado pelo trabalho que faz. Isso vale para qualquer trabalho e para qualquer fase de sua vida profissional. Mas, se não estiver curioso e entusiasmado nem no começo, talvez seja a hora de repensar se este é o emprego certo para você (aquele que vai deixá-lo feliz).

E boa sorte!

12 Como trabalhar como freelancer

Freelancer – ou "frila" – é o jornalista que não está vinculado a nenhuma empresa e recebe por reportagens, isoladamente. Pode ser uma boa maneira de começar a adquirir experiência na profissão, mas há quem seja frila por opção: alguns trabalhos avulsos chegam a render mais que os salários de jornalistas contratados.

O importante é que trabalhar como frila permite diversificar o campo de atuação (o que muitas vezes não é possível trabalhando na Redação) e, às vezes, ter mais flexibilidade para apurar e se dedicar ao trabalho. Essa talvez seja a maior vantagem de um freelancer em relação a seus colegas contratados.

O ideal é que o jornalista aprenda a se virar como frila. Isso será uma carta na manga em qualquer situação: em tempos de vacas magras ou como complemento para momentos de estabilidade.

Tenho perfil para trabalhar só como freelancer?

A primeira característica que você precisa ter é o empreendedorismo. E não pode ser da boca para fora. É preciso ter disposição, uma rede de contatos, aceitar ou recusar trabalhos, saber planejar, entender dos trâmites burocráticos para quem trabalha como prestador de serviço (ou como pessoa jurídica, se você abrir uma empresa[18]), tem que saber respeitar os prazos e conciliar as condições dos clientes com as suas próprias.

Além disso, é preciso ter muito senso de responsabilidade e de organização, para se impor os próprios horários, de forma a conseguir cumprir as tarefas e ainda garantir um tempo livre.

E saber lidar com a solidão do trabalho dentro de casa, sem os conselhos e interferências que existem numa Redação cheia de gente.

Outra coisa fundamental é ter motivação para começar um novo frila, depois que o outro termina. Após dois meses mergulhado em um trabalho específico, por exemplo, pode ser preciso um pouco de ânimo para pegar o telefone e oferecer pautas, começar do zero.

Como não há chefe algum pra ficar cobrando, é preciso ter disciplina e iniciativa.

Regras de sobrevivência

Uma das regras de sobrevivência dos freelancers é montar sua rede de solidariedade: manter-se em contato com os colegas, anotar seus contatos de forma organizada, conhecer suas habilidades e, quando precisar dessas habilidades, lembrar-se deles. Do mesmo modo, quando eles precisarem de alguém com as suas qualificações, se lembrarão de você e o indicarão. (Leia mais sobre manter contatos no capítulo 3.)

Como frilas precisam estar sempre obtendo novos contratos de trabalho, é ainda mais importante que tenham uma sólida rede de contatos profissionais. Quanto mais trabalhos você fizer para um editor, mais ele vai confiar em você, mais vai indicar seu trabalho para outros contatos e mais você poderá se dar ao luxo de fazer apenas as pautas que lhe apetecem (como é o sonho de todo jornalista).

Mas, se você está começando, deixe o luxo para depois. Você precisa saber vender bem as pautas para os veículos. Veja algumas dicas.

- Conheça bem o veículo – estude seu cliente, leia tudo o que é publicado lá, saiba qual é a linha editorial e em qual seção sua pauta melhor se encaixaria. Um editor gosta de receber uma sugestão de pauta que demonstre que vá se encaixar direitinho no caderno tal, ou que faz uma bela suíte (reportagem que atualiza ou aprofunda uma notícia já publicada) de uma matéria veiculada poucos dias antes.
- Saiba para quem enviar sua pauta – faça os contatos de forma certa. Se a pauta é para Veículos, envie para o editor de Veículos. Telefone para ele e estabeleça contato.
- Faça uma boa pesquisa antes de oferecer sua pauta, para ter certeza de que ela não foi publicada recentemente, seja no próprio veículo

para o qual você quer contratar, seja para os concorrentes.
- Ofereça pautas com um mínimo de apuração, com pouco risco de serem derrubadas. Pré-apure antes de oferecê-las. De preferência, pense também nas imagens, porque talvez o veículo não tenha dinheiro para pagar um frila de texto e outro de fotografia. Descubra se o evento que você cobre tem, pelo menos, imagens de divulgação. (Leia mais em http://is.gd/bsGDA e http://is.gd/bsGEI).
- Seja persistente – envie sua pauta para mais de um veículo, se for o caso. Não desanime com as recusas. Esse trabalho de lançar iscas para pautas é parecido com o de enviar releases: é normal emplacar uma sugestão de pauta a cada dez enviadas.
- Ao ter uma pauta recusada, procure saber o porquê. Pergunte ao editor se o problema era com a pauta, se ela não se encaixava no perfil do veículo ou se ele estava sem verba para pagar seu trabalho, por exemplo. Diga que você está aberto para receber as críticas. Elas são importantes para você se preparar melhor em uma próxima vez e cada resposta vai exigir uma atitude diferente.
- Quando oferecer a mesma pauta para vários veículos, há sempre a possibilidade de um deles aceitar e o outro querer a mesma pauta depois. Nesse caso, explique a situação e deixe claro que você continua disponível para outros trabalhos (tenha prontas outras ideias de pauta e aproveite para oferecê-las nesse momento).

Oferecendo pautas

A habilidade mais importante para um frila que ainda não conquistou seu espaço é saber oferecer suas pautas da melhor forma possível. Afinal, essa é a única forma de ele conseguir um trabalho. E como fazer para se destacar na enorme quantidade de pautas que os editores recebem, tanto dos repórteres já contratados quanto daqueles que também querem vender frilas como você?

Não é fácil, não. O freelancer Dan Baum, que trabalhou por um bom tempo em uma das melhores revistas do mundo, a *New Yorker*, disse em seu Twitter[19] que "pensar em ideias para histórias é o trabalho real; pesquisar e escrever sobre elas é a parte fácil". É verdade.

A VAGA É SUA

Pode acontecer de você morar em Goiânia, um jornal paulistano ter seus contatos e, na hora que um sujeito sequestra a filha num avião e se joga sobre um shopping goiano, você ser contatado para cobrir aquele fato quente, pelo menos até que o jornal envie alguém de sua própria equipe para apurar, se for o caso.

Se você for esse tipo de frila, precisa estar disposto a atender a qualquer chamado do jornal, porque seus trabalhos são mantidos em razão da confiança que os editores terão em sua prontidão.

Mas, na maioria das vezes, quem cobre a notícia quente é a equipe do próprio veículo. Cabe aos frilas fazer pautas mais frias, que peçam maior tempo de apuração.

O mais comum é que os próprios frilas pensem na pauta, façam uma pré-apuração e, só depois, corram atrás de um veículo que queira bancar a apuração e produção.

A primeira dica é a seguinte: não ofereça uma matéria já pronta. Ofereça a ideia. O editor vai querer discutir essa ideia, dar sugestões durante a apuração e definir o espaço de acordo com a importância da pauta. Se você já apresentar uma reportagem enorme, toda pensada e executada por você, são muito maiores as chances de o editor recusá-la. Seu trabalho de apuração e redação terá sido em vão.

Outras dicas bem práticas:

- descubra o telefone direto do editor responsável pela editoria que deverá abrigar sua pauta. Ou do pauteiro daquela editoria. Telefone para ele e se apresente. Diga que quer sugerir a pauta, pergunte se trabalham com frilas, peça um e-mail para enviar a sugestão. IMPORTANTE: seja bem breve nesse contato. Apenas peça o e-mail e diga que vai mandar uma sugestão. Não irrite o editor gastando seu tempo inutilmente;
- logo no assunto do e-mail, destaque: "PARA FULANO – SUGESTÃO DE PAUTA QUE SUGERI POR TELEFONE";
- apresente-se brevemente no e-mail, sem todo o detalhamento de um currículo, mas deixando claro por que ele deveria contratá-lo para aquele trabalho;

- na sugestão de pauta, seja sucinto e coloque, logo de cara, qual será o possível lide. Pense no possível título ideal para aquele veículo e já apresente na pauta. De preferência, seja sucinto: cinco linhas costumam ser suficientes para vender a ideia principal. Se o editor quiser saber mais, ele vai perguntar;
- apresente sugestão de foto ou ilustração para acompanhar a matéria – isso é especialmente importante em revistas, que sempre precisam de imagem para acompanhar as reportagens. Se for capaz de realizá-las também, coloque-se à disposição para isso;
- coloque seus contatos completos (cheque bem, para não incluir telefones ou e-mails errados);
- diga, na apresentação, que está disponível para discutir melhor a pauta em detalhes – uma vez que o ideal é apresentar propostas sucintas;
- cheque bem o português do seu e-mail;
- depois de enviado o e-mail, verifique sua caixa postal constantemente, porque as Redações costumam aceitar os frilas em cima da hora.

Um medo comum entre jornalistas que querem oferecer pautas como frilas é que os veículos gostem da ideia, mas, em vez de contratar o freelancer, passem a pauta para seus próprios repórteres – o chamado "furto de ideia".

Uma das formas de evitar esse problema é oferecer pautas que sejam o mais exclusivas possíveis. Se você soube de uma informação, checou e ninguém mais tem condições de saber sem você contar, mande uma pauta deixando claro que possui exclusividade sobre a informação.

É claro que nem toda pauta permite esse tipo de vantagem. Mas, contra editores que roubam sua ideia de pauta, não há muito mais que se possa fazer. No máximo, fugir deles!

O jornalista freelancer Marcelo Soares é um que sempre dá um jeito de obter o máximo de exclusividade sobre as informações antes de vender as pautas para os veículos – escolhidos a dedo, de acordo com o perfil de cada matéria, como os frilas devem saber fazer.

Uma das pautas, por exemplo, foi oferecida tendo como base um banco de dados aberto da Interpol. Por ser aberto, um editor mal intencionado poderia recusar a oferta de frila e pedir que um repórter do próprio veículo fuçasse no banco de dados e tirasse o ouro dali. Só que, quando Marcelo Soares ofereceu a pauta, já tinha se dado ao trabalho de fuçar e tinha conseguido extrair três ou quatro ideias de pautas e mapeado fontes que seriam dificilmente encontradas. Um bom editor não recusaria um frila assim.

Vejam o relato de Marcelo Soares:

> "Todo dia eu faço um monitoramento de algumas centenas de fontes de notícias no Google Reader [site que centraliza e permite acompanhar novas publicações em vários outros sites escolhidos]. Isso inclui os óbvios sites de notícias, os não tão óbvios sites oficiais dos governos e as nada óbvias fontes de informação primária (quando um site não tem RSS [mecanismo que avisa quando há novas publicações], eu crio um, através do page2rss.com, para poder monitorar aquela página).
>
> Nessa pesquisa diária, às vezes enxergo a possibilidade de uma grande pauta onde todo mundo só publica as informações burocráticas do release.
>
> Outra coisa que eu faço bastante também é investir uma boa grana em publicações todo mês. Leio todo dia vários jornais na internet, assino o *Valor Econômico*, compro revistas nacionais e importadas.
>
> Pra quem faz frila, é importante conhecer as características da publicação antes de oferecer uma pauta.
>
> Pauta genérica dificilmente passa, mas se ela se adequar à proposta da publicação o pessoal fica com os olhos brilhando".

Conheça duas matérias feitas por Marcelo para publicações para as quais ele nunca havia trabalhando antes, e saiba como ele conseguiu os frilas: http://is.gd/c54A3.

Como você pode perceber, dentre as principais estratégias que Marcelo Soares usa para garantir seus frilas está conhecer muito bem os veículos para os quais pretende trabalhar.

Outra ação importante é criar um vínculo de confiança. Como diz a freelancer Joanne Mallon,[20] "sempre haverá alguém que fará o trabalho por menos do que você pede, mas talvez não haja ninguém que faça o trabalho melhor que você".

Ao oferecer pautas boas e se fazer conhecer pelo editor, ele poderá confiar mais em você, chamá-lo para outras pautas e até pagar o preço que você soube negociar, já levando em conta todos os custos.

A não ser que seja uma excelente chance de aprender, ou que o trabalho seja para um veículo importante, que pode enriquecer seu portfólio, não tenha medo de dizer não para trabalhos que não o atraiam de jeito nenhum ou cuja remuneração não lhe pareça justa. Afinal, essa é uma das vantagens de ser frila. Pese e pondere tudo o que você for fazer.

Para frilar no exterior

Antes de tentar a vida de frila fora do Brasil, você precisa ter feito alguns contatos nos principais veículos e nas editorias de veículos brasileiros que poderão contratar suas pautas.

Se não tem esses contatos, terá de fazê-los. Ao se apresentar para os editores, diga claramente quais são suas habilidades e por que ele pode confiar em um trabalho feito por você e encomendar seu frila em vez de o de outra pessoa.

Antes de viajar, é importante deixar seus contatos com todas essas pessoas e ter certeza de que será facilmente encontrado ao chegar ao país de destino. Atualize esses contatos sempre que for preciso.

Se você se dirige a vários países e já acertou uma colaboração com um veículo, deixe o cronograma de viagem com os editores, para eles saberem quando poderão contar com você em determinado lugar.

Outra medida prática, dica da ex-trainee Juliana Lugão:[21] mantenha sua conta bancária brasileira aberta, porque é o jeito mais fácil de receber pelos frilas.

Ao propor pautas, tome as providências rotineiras de qualquer jornalista: leia todos os jornais locais e os jornais brasileiros para

entrevista
Marcelo Tas

Ousadia, coragem e flexibilidade para trabalhar por conta própria

Como conseguiu o primeiro emprego de jornalista?
Na TV, meus primeiros passos foram na produtora Olhar Eletrônico. Fazíamos um tipo excêntrico de jornalismo, misturando realidade e ficção. Eu e Fernando Meirelles havíamos inventado um personagem que eu interpretava: o repórter Ernesto Varela.

Em jornalismo mais tradicional, tive minha iniciação com um convite da *Folha de S.Paulo* para comentar o horário eleitoral gratuito. Revezava diariamente uma coluna crítica com o artista multimídia Tadeu Jungle. Depois, a Folha me convocou para cobrir, como repórter especial, as eleições diretas de 1989.

Quais as dificuldades que encontrou para montar sua própria produtora, junto com outros colegas que também eram inexperientes e estavam começando a vida?
A principal dificuldade é que havia muito poucos canais onde pudéssemos publicar a nossa produção. Foi uma longa travessia pelos poucos festivais de vídeos da época até conseguirmos nossa primeira chance de mostrar o nosso trabalho para o "grande público" na TV Gazeta de São Paulo.

Que características um jornalista que quer montar seu próprio negócio/veículo – ou atuar como frila – deve ter?

os quais vai oferecer suas ideias, para ter certeza de que não está vendendo algo que já saiu.

Tente pensar em pautas que sejam de interesse claro para os brasileiros, ou matérias voltadas para turismo, que sempre encontram um nicho. (Mais sobre frilas no exterior no capítulo 7.)

Lembre-se de que todo trabalho de frila depende de confiança. Quanto mais um editor confia em você, mais aceitará suas pautas. Ganhar a confiança de alguém à distância é sempre mais difícil, por isso é importante sempre se manter em contato, com boas ideias no cardápio e muita disposição quando for chamado para pautas improvisadas.

No começo de 2010, a Ana recebeu da repórter Roberta Namour este e-mail, que consideramos um excelente exemplo de como se apresentar para os veículos antes de partir para o exterior:

Penso que a palavra que resume é ousadia. Diante de tantas novidades, vale mais quem tiver flexibilidade e coragem de se manter sempre em busca de novas possibilidades de se contar uma história. Seja com texto, fotos ou imagens em movimento.

Na íntegra da entrevista, Marcelo Tas diz que aprendeu muito nos corredores, até porque o aprendizado em sala de aula não é suficiente. Fala o que fez para incrementar sua formação e como começou a trabalhar: http://is.gd/bjkIF.

Marcelo Tas é jornalista e comunicador. Entre suas obras destacam-se o repórter ficcional Ernesto Varela e as séries infantis Rá-Tim-Bum (TV Cultura) e Plantão do Tas (Cartoon Network). Participou da criação do Programa Legal e Telecurso (TV Globo) e do Beco das Palavras, um game interativo que faz parte do acervo do Museu da Língua Portuguesa, em São Paulo. Atualmente, Tas é colunista da revista *Crescer*, da Editora Globo e âncora do programa CQC, na Rede Bandeirantes.

Na abertura da exposição de Claudia Proushan, na Galeria Fotoptica, em Pinheiros, em 16 de agosto de 1989.

Olá Ana, como vai?

Trabalho na *IstoÉ Dinheiro*, mas no início de fevereiro vou me mudar para a França. Já morei lá durante dois anos – fiz uma pós e um mestrado em Ciência Política. Agora estou indo como freelancer. O motivo do meu contato é me apresentar a você para, caso surgir uma oportunidade, contribuir com a Folha de lá.

Na *IstoÉ Dinheiro*, sou repórter de tecnologia. Tenho uma coluna chamada Dinheiro & Tecnologia e escrevo para a editoria de Negócios.

Seguem abaixo links de algumas matérias que fiz. *[a lista foi omitida, pois os links não funcionam mais]*

Se assim concordar, podemos marcar um encontro de relacionamento antes da minha viagem.

Agradeço desde já a atenção.

Abs. Roberta Namour [telefone celular]

A VAGA É SUA

Pecados dos frilas

Quem trabalha como freelancer tem que ter duas qualidades básicas: autonomia e profissionalismo. Se você não consegue cumprir algumas tarefas primárias, não demonstra jogo de cintura, são grandes as chances de ficar no limbo.

A editora-assistente de Equilíbrio e Saúde da Folha, Flávia Mantovani, listou os principais problemas que encontra com frilas. Dê uma boa lida e procure evitar estes erros.

1. Não cumprem prazos: parece básico, mas não é; teve uma moça que me entregou o texto duas semanas depois do combinado. Ainda bem que eu tinha outras opções!
2. Mandam o texto com mil problemas: na minha editoria é preciso deixar tudo muito claro, didático e bem explicado; muitas vezes chegam trechos totalmente sem sentido, nomes de fontes sem a especificação de quem e de onde são ou faltam informações essenciais ao entendimento do assunto.
3. Lides: quase sempre preciso mudar os lides, pois ou chegam sem graça ou chegam com narizes de cera gigantescos e desnecessários.
4. Não mandam o texto no tamanho combinado: é menos grave, mas dá um trabalhão sem sentido cortar um texto pela metade sabendo que não era preciso, pois o tamanho foi combinado antes.
5. Frilas excessivamente "carentes": aconteceu uma vez – a frila me ligava todos os dias para saber a quem entrevistar, se deveria ou não colocar uma informação X no texto, para me contar o resultado da apuração daquele dia... era uma matéria de uma página e me deu mais trabalho do que uma capa que fazemos por aqui; normalmente eu oriento com o maior prazer, mas faz parte do trabalho jornalístico escolher as fontes e o que deve entrar na matéria.

Ela acrescentou o seguinte:

"Não vejo nenhum problema em orientar e sei que uma das nossas funções é essa (muitas vezes o frila não conhece profundamente o estilo da publicação e nós estamos aqui para isso).

Além disso, certas questões só surgem depois que se começa a apurar e devem ser discutidas à medida que a apuração avança.

Mas acho que falta autonomia e profissionalismo. Uma amiga que edita uma revista tem os mesmos problemas".

13 Para quem quer mudar de área

Imagine que você sonhou a vida inteira em ser jornalista, mas, por diversas razões pessoais, acabou prestando vestibular para direito, engatando um concurso público em algum tribunal e, aos 30 anos, volta a ser incomodado pela assombração da adolescência e se vê às voltas com uma pergunta insistente: mudo de área?

Com ela, várias outras: será que é fácil? Será que consigo? Minha idade é um fator negativo? Minha formação atual vai me ajudar a conseguir emprego como jornalista? Vou conseguir me estabelecer? Vale a pena trocar toda a atual estabilidade por uma nova aventura?

Essas são algumas das dúvidas mais comuns dos leitores do blog Novo em Folha. E é claro que o único que saberá responder a essas questões será você mesmo. Mas vamos tentar ajudar a refletir.

A primeira coisa que alguém de outra área precisa fazer é conseguir alguma forma de contato com o jornalismo para ter certeza de que gosta dessa profissão de verdade. Muita gente tem uma visão romântica do jornalismo e, na hora que conhece a rotina e os problemas da profissão, fica desiludido e pensa onde é que foi se meter.

Assim, antes de largar um emprego que você já sabe como é, procure entender como é o jornalismo. Você pode começar conversando bastante com vários jornalistas experientes. Pode ler livros que falem sobre o trabalho prático de um jornalista (nesse momento, evite os romances). Pode fazer um curso de especialização em jornalismo (ou de graduação, se tiver tempo para isso).

Por fim, pode fazer programas de treinamento para conhecer a profissão na prática, ou tentar fazer frilas em veículos menores, para descobrir se tem jeito para a coisa. Se estiver no curso de economia, por exemplo, procure pensar em pautas para revistas especializadas em economia, porque é uma área que você já domina e terá mais facilidades para propor pautas e conseguir trabalhos.

Pense que você já está em grande vantagem em relação às pessoas que passaram, há alguns anos, pela mesma dúvida sua. E que agora, com a não obrigatoriedade do diploma para entrar em vários veículos de comunicação, é mais fácil construir pontes e conseguir chances de entrar numa Redação.

RELATO DA ANA:
1987 foi um ano em que tudo parecia estar dando errado, mas 1988 mudou minha vida profissional para sempre. E para melhor.

Em 1987, havia terminado o curso de agronomia com uma certeza – a de que não queria trabalhar naquela área – e uma dúvida – em que trabalhar, então?

Pensei em tentar psicologia – escolha que sempre parece perfeita para quem anda perdida na vida: se não encontrar uma carreira, pelo menos "trabalho" meus problemas –, mas um semestre como ouvinte me acordou dessa ilusão.

Fiz bicos aqui e ali, transcrevi fitas, visitei as periferias fazendo pesquisas de opinião, fui balconista de livrarias. Se você imaginou uma garota imatura, indecisa e andando em círculos, está bem perto da realidade.

A porta providencial foi aberta por meu pai – e não seria a primeira vez em que ele influenciaria meu futuro profissional. Uma tragédia familiar e uma oportunidade conveniente acabaram me levando à Europa, numa viagem de mochileira, com dois cursos para servir de âncora – em Paris e Florença.

Na volta, decidi prestar novo vestibular, para jornalismo, mais como um capricho que como decisão consciente. Não, eu não nasci para ser jornalista. Não sonhei com isso desde criancinha. Até tirava boas notas em redação e cheguei a trabalhar num jornal da faculdade –A Gralha, invenção de meu amigo Luiz Gayotto –, mas a opção pelo novo curso era um tiro no escuro: tinha uns amigos jornalistas, um garoto que eu queria impressionar, nada mais me atraía especialmente, por que não tentar?

Exatamente na mesma época, final de 1987, a Folha publicou um texto convocando interessados para seu primeiro programa de treinamento. Liguei para Silvia Bittencourt, minha colega de escola, já naquela época jornalista com funções de responsabilidade na Folha, peguei mais informações e me inscrevi.

Que eu me lembre, jamais parei pra pensar sobre minhas chances. Era uma menina de 22 anos formada em agronomia, que não sabia nada de jornalismo, sem qualquer experiência na área, cujo único contato com a imprensa havia sido uma visita – ao jornal concorrente – quando tinha dez anos de idade.

Se eu escrevesse naquela época para o blog Novo em Folha perguntando se tinha perfil para mudar de área, que resposta obteria? Provavelmente a Cris – ou eu mesma – me diria que eu tinha estudado em boas escolas, tinha um razoável nível cultural, a viagem ao exterior e o pretenso domínio de outras línguas contavam a meu favor, mas que tudo dependeria de eu ser capaz de convencer um editor de que seria uma aposta melhor que chamar alguém que já sabe o que é um lide, uma retranca, uma linha fina ou uma manchete.

Sem blogs a quem recorrer, me inscrevi na cara dura: não teria nada a perder. Mandei um currículo horrível, cheio de menções a cursos inúteis de microbiologia do solo, mecânica de tratores, congressos de horticultura e seminários de melhoramento genético. Nunca tive coragem de perguntar pra Silvia, mas acho que só passei nessa primeira triagem de currículos porque ela me conhecia. Honestamente, hoje em dia, se tivesse que escolher dentre uma pilha de currículos, teria um arrepio ao chegar ao meu próprio calhamaço e o descartaria sem muito remorso.

Na fase de testes, ao menos, acho que contei só comigo mesma. A prova era escrever um texto jornalístico a partir de um despacho de agência internacional – não me lembro se em inglês ou em espanhol. Lá fui eu para a máquina de escrever, instrumento com o qual tinha intimidade desde a infância. Ali eu estava à vontade: escrever sempre fora uma diversão.

Veio então a última etapa, a das entrevistas. Seria à tarde. Pela manhã, sentada no chão da sala com um caderno da Ilustrada aberto no colo – única parte do jornal que eu realmente lia direito –, comentei com meu pai: não tenho a menor ideia do que falar nessa entrevista.

Ele, então, me disse as palavras mágicas: "Você fala sobre um ponto positivo e um ponto negativo do jornal. O ponto positivo é o fato de publicar opiniões de todo tipo, de ter pessoas com pontos de vista diferentes escrevendo artigos. No ponto negativo, você diz que tem muitos erros de português".

Meu pai é engenheiro e nunca leu o Manual da Folha, mas sabe muito mais de jornalismo do que eu. Por intuição e dedução lógica, me orientou a falar sobre um dos pilares do projeto editorial da Folha – o pluralismo – e uma das principais preocupações daquela época.

Numa tarde de fevereiro de 1988, então, subi em minha moto Yamaha DT 180 e rumei para a Folha, com meus cabelos joãozinho, óculos grandes de aro azul, brincos de cristal e uma roupa meio modernosa que eu mesma havia adaptado de um vestido antigo de minha avó – e que guardo até hoje.

Não estava nem um pouco nervosa na entrevista – os ignorantes e inocentes têm pelo menos essa vantagem. As perguntas começaram e "batata!", perguntaram o que eu achava da Folha. Repassei a resposta de meu pai. Meu gosto por cinema – que eu podia exercitar ao máximo em minha vida desregrada –, a viagem à Europa e o fato de estar lendo um livro em francês ajudaram, acredito. Meu jeito meio moleque – meio inconsequente, mas sempre interessado em aprender algo novo – deram o empurrãozinho final.

Ganhei um lugar naquela primeira turma de trainees da Folha, três semanas que mudaram para sempre minha vida profissional.

Da assessoria ao jornalismo

Assessoria de imprensa é jornalismo? Um assessor de imprensa pode virar um bom jornalista? É fácil fazer essa transição? Essas são questões frequentemente apresentadas ao blog Novo em Folha.

Elas atingem muitos estudantes e recém-formados, porque muitas faculdades de jornalismo colocam em suas grades disciplinas da área de relações públicas e de comunicação empresarial, e porque, com a escassez de vagas de estágio em Redações, muitos estudantes acabam

entrevista
Marcio Aith

Pedi demissão para ganhar um terço do que eu ganhava

Como foi parar no jornalismo?
Vim de uma família de advogados. Na minha cabeça, eu seria naturalmente advogado. Prestei direito na USP e jornalismo na PUC e passei nas duas, mas só fiz o direito. Achava o jornalismo uma coisa meio exótica. Ao longo do curso, seguia como leitor diário de todos os jornais. Mas nem tinha vontade de ser jornalista de novo.

Quando terminei, fiz a OAB e advoguei por um ano na área civil e trabalhista. Tinha 21 anos de idade. Foi o pior ano da minha vida. Descobri que não gostava da advocacia, gostava dos conhecimentos, dos debates, de tudo o que hoje uso no jornalismo. Achei a vida de advogado muito chata. Ninguém lê as coisas que você escreve. Eu estava muito triste, achando que tinha feito a escolha errada.

E como foi a transição para o jornalismo?
Tinha uma turma do direito que foi parar na *Gazeta Mercantil*. A Gazeta ignorava a obrigatoriedade do diploma, ainda mais nessa área do direito, porque lá tinha uma editoria só de legislação. Comentando com um amigo que eu não estava gostando de advogar, ele me disse que conhecia o pessoal da Gazeta. Aí fui fazer a entrevista.

Como foi?
Eles me perguntaram se eu sabia que o texto jornalístico era diferente do texto de advogado. Se eu estava disposto a ganhar menos. E se estava disposto a trabalhar bastante. Eu estava triste demais no direito, então fui. Pedi demissão para ganhar um terço do que eu ganhava.

tendo sua primeira experiência nas assessorias.

Esse contato pode ser útil para que o jornalista conheça bem o funcionamento do "outro lado do balcão" – afinal, quando estiver fazendo uma apuração, pode ter que contatar assessores e obter deles informações (nem que seja apenas na hora de ouvir o "outro lado").

Embora jornalismo e assessoria sejam ramos da comunicação social, as funções de um jornalista e de um assessor de comunicação são muito diferentes, e é preciso ter clareza sobre isso quando se pretende transitar entre as áreas.

Vamos supor que você sempre tenha feito estágios apenas na área de assessoria de imprensa e que, depois de formado, também só

Nunca se arrependeu de ter largado o direito pelo jornalismo?
Várias vezes. Principalmente quando eu levava bronca eu achava que tinha tomado a decisão errada. E eu tomava bronca quando cometia os erros. Uma vez eu fiz uma matéria de uma empresa com o balanço de outra empresa, porque me mandaram o balanço errado. Essa matéria não saiu, mas levei bronca mesmo assim. Uma vez levei uma bronca tão grande do Matías Molina que falei "vou embora para casa e não volto nunca mais". Mas no dia seguinte ele falou que só dava bronca em quem valia a pena, e acabei ficando.

Marcio Aith, repórter especial da Folha, começou sua carreira na *Gazeta Mercantil*, em 1990. Foi correspondente da Folha em Tóquio e em Washington, editor de Dinheiro e diretor-executivo da revista *Veja*.

Na íntegra da entrevista, Marcio Aith conta como fez para aprender jornalismo na prática, se sentiu falta da faculdade de jornalismo, como fez para aprender economia e o que diria à filha se ela decidisse ser jornalista: http://is.gd/bjkPn.

Na entrega de prêmios do Folha Invest, em 2004.

---

tenha tido experiências profissionais como assessor em empresas.

Mas agora quer trabalhar como repórter de uma Redação e não consegue.

Pode passar pela sua cabeça que há preconceito contra assessores de imprensa. É até possível, mas talvez essa não seja a principal razão para sua dificuldade em entrar no mercado de trabalho. Em geral, o que ocorre é que, em meio a um mar de candidatos, o editor prefere quem já teve experiência jornalística, ou seja, conhece as especificidades do trabalho em Redação – que tem diferenças importantes em relação ao da assessoria.

Além disso, o assessor de imprensa costuma produzir textos que contemplam um ponto de vista principal – o da empresa ou órgão do governo que o contratou. O editor pode achar que, com tanto tempo de experiência em assessoria, você terá dificuldades de ser equilibrado, isento e plural.

Há algumas formas de demonstrar ao editor que ele não estará perdendo se te contratar.

a) Currículo
Lembre-se, desde a hora de fazer o currículo, que suas experiências como assessor de comunicação não são a qualificação mais importante esperada para um jornalista.

Se você tiver feito muitas fontes em uma determinada área ou se tiver se especializado em algum assunto durante seu tempo como assessor, é isso que deve ser destacado logo de cara em seu currículo.

Os X anos produzindo jornal interno para a empresa Y podem figurar no final do currículo, no campo "outras experiências profissionais".

Lembre-se de que, se você já fez algum frila para um veículo de jornalismo, mesmo que há dois anos, ele pode ser a experiência mais valiosa nesse momento e deve ficar no início do currículo. Nesse caso, pode valer a pena anexar até duas reportagens, para comprovar sua experiência jornalística.

b) Frilas
É possível ser assessor e emplacar frilas jornalísticos de vez em quando – o ideal é que as reportagens sejam em área diferente daquela na qual você presta assessoria. Tente fazer isso antes de buscar uma vaga em Redação. A experiência com os frilas poderá abrir portas e fornecer os argumentos para convencer o selecionador de que você também pode ser um bom repórter, assim como é bom relações-públicas. (Veja mais no capítulo anterior).

c) Entrevista
Procure deixar claro durante a entrevista ou banca que você é capaz de fazer jornalismo isento, equilibrado, informativo, que contempla diversos enfoques, completo, que não "vende" um assunto.

É natural que o selecionador tenha um pé atrás em relação a isso, pelo que já dissemos no início deste tópico. Portanto, é um esforço que vale a pena tomar. Se já tiver produzido frilas, será mais fácil de comprovar que seus argumentos podem ser – e já foram – colocados em prática.

d) Se for contratado
Desde a pauta, tenha em mente que sua reportagem terá que ser plural e equilibrada, como diz o item anterior. Portanto, esteja atento a isso ao formular o texto da pauta. Corte adjetivos, seja breve, antecipe o possível lide e o título que poderá ter sua matéria.

Ao escrever o texto, troque os adjetivos por informação e busque os vários lados de um mesmo fato. Sempre se pergunte, ao final, se você foi tendencioso, se a matéria parece favorável a algum lado, se a estrutura do texto tem cara de release.

Não se preocupe: essas precauções são necessárias só no início. Aos poucos, com a prática, você estará devidamente confortável do lado de cá do balcão.

Mudar de área no jornalismo

Existe um outro grupo de pessoas que também passa pela dúvida cruel sobre se deve mudar ou não. Mas é um caso muito mais fácil de se resolver.

São aqueles que sempre atuaram em um tipo de veículo e querem ir para outro, mas não sabem que passos dar e quais providências tomar.

Uma dúvida muito comum, ainda na fase dos estágios, é se vale a pena estagiar só naquele ramo que você pretende seguir no futuro, ou se o melhor é justamente diversificar ao máximo e estagiar em TV, rádio, jornal, site... Como vimos no capítulo 6, é difícil responder a essa pergunta, até porque, no futuro, uma ou outra experiência pode ser mais válida para você dependendo da vaga e do interesse do editor no momento.

Ainda naquele capítulo, concluímos que o melhor é investir no estágio que traga maior aprendizado, seja ele em qual veículo for. A

entrevista
Boris Casoy

Assessoria de imprensa serve como aprendizado

Antes de trabalhar com jornalismo, você chegou a trabalhar por bastante tempo em assessorias de imprensa, certo? Como essa experiência te ajudou no trabalho posterior, na Redação?
Comecei minha vida profissional no rádio, cobrindo esportes. Jornalismo é jornalismo em qualquer veículo. Além da experiência de relatar e comentar os fatos ao microfone, o jornalismo radiofônico ensinou-me a concisão e o texto elaborado com períodos curtos.

A assessoria de imprensa serviu como aprendizado pelo convívio com jornalistas mais experientes.

Quais as principais dificuldades nessa migração do trabalho de assessor para o de jornalista? Quais as principais diferenças e como se adaptou a elas?
Há uma enorme diversidade de tipos de assessoria de imprensa. A última que exerci foi a da secretário de imprensa do prefeito de São Paulo, José Carlos de Figueiredo Ferraz (na década de 70).

Procurei desenvolver um trabalho em que a assessoria não foi um mero instrumento de propaganda, mas, sim, uma espécie de elo entre a imprensa e a prefeitura. Formalmente, as Redações das assessorias de imprensa são parecidas com a dos jornais etc.

Mas carecem, evidentemente, de espírito crítico, indispensáveis para o exercício pleno do jornalismo. Claro que a migração não foi tranquila. No entanto, eu já dispunha dos conheci-

experiência em impressos pode ser útil para qualquer área, pelo investimento que se dá à produção de textos.

Por outro lado, se você tem certeza de que quer trabalhar em TV, por exemplo, o ideal é que tente ter pelo menos uma experiência nessa área.

Mas agora suponha que você sempre trabalhou em rádio e vai cair de paraquedas em uma Redação de revista impressa. É preciso tomar três atitudes básicas:

- aproveitar o que aprendeu de melhor no rádio e que poderá ajudá-lo no impresso e investir nisso (inclusive na hora de montar o currículo e de se apresentar na entrevista);
- descobrir o que o rádio não lhe proporcionou para ser um bom repórter de impresso e correr atrás dessa deficiência;

mentos suficientes para trabalhar na Redação de um jornal.
Acha que havia preconceito na Redação, pelo fato de você vir de assessoria?
Provavelmente, havia, mas não senti. Acho que fui bem recebido.

Na íntegra da entrevista, Boris Casoy fala sobre como começou a trabalhar, que dificuldades sentiu ao migrar do impresso para a TV e que característica considera a mais importante para quem quer ser jornalista hoje: http://is.gd/bjl2y.

> **Boris Casoy** é âncora do *Jornal da Noite* da Rede Bandeirantes desde fevereiro de 2008. Antes, apresentou jornais na TV JB, no Jornal da Record e no SBT, onde entrou em 1988 como primeiro âncora da TV brasileira. Começou a carreira em 1956, aos 15 anos, no plantão esportivo da extinta rádio Piratininga, de São Paulo, seguindo para a rádio Santo Amaro e rádio Eldorado. Na Folha, foi editor de Política e do Painel e editor-responsável em 1974 e 1977.
>
> No começo de sua carreira.

- descobrir se algo do que você aprendeu no rádio poderá atrapalhar no impresso e tentar se adaptar ao novo veículo.

É claro que isso vale também se você está passando do impresso para a TV, da revista para o site etc. Em todos você exerce funções jornalísticas, mas com formatos diferentes.

No exemplo do rádio, podemos ter o seguinte.

Vantagens – Você aprendeu a trabalhar com agilidade, sob pressão de tempo, com assuntos diversificados, fez fontes, aprendeu a ter iniciativa, conseguiu fazer várias pautas por dia, treinou a concisão ao máximo.

Problema 1 – O rádio não treinou muito o seu texto, suas matérias eram enxutíssimas, intercaladas de várias sonoras (que seriam o equivalente às aspas do impresso), você não pôde praticar a estrutura de um texto de jornal impresso. Mais importante: a linguagem falada é diferente da escrita.

Solução – Para suprir essas deficiências, você pode praticar redação, fazer aulas particulares de português, fazer muitos exercícios até ganhar fluidez.

Problema 2 – O excesso de sonoras numa matéria de rádio pode viciá-lo e, no impresso, as aspas são muito mais contidas, geralmente só quando a fonte diz algo muito menos banal.

Solução – Você pode se adaptar a isso, tentando sempre começar os cortes dos textos pelas aspas e sempre se perguntar até que ponto elas são importantes para a notícia, ou se não podem ser ditas de outra forma, diluídas na matéria.

Problema 3 – O tempo curto para as matérias de rádio não permite muita contextualização.

Solução – Você pode aproveitar sua capacidade de escrever o hard-news de forma concisa e explorar a análise no restante do espaço do texto de jornal (ou de revista).

Ao longo do trabalho, suas maiores dificuldades vão aparecer e, se estiver atento, poderá corrigi-las. Mas lembre-se de destacar as vantagens de sua experiência no outro meio quando estiver se apresentando para uma vaga (no currículo, prova e entrevista).

Muita gente diz que há preconceito contra jornalistas de TV ou rádio nas Redações dos impressos. Pode até ser que haja, mas é possível vencê-lo, demonstrando que você possui qualidades que foram conquistadas na TV e serão necessárias no impresso (possui fontes, tem pique, escreve bem, é motivado). O bom editor não vai ignorar essas suas qualidades por mero preconceito. Afinal, a essência do jornalismo é a mesma e não faz sentido que um bom repórter de TV não possa ser também um bom repórter de jornal e vice-versa.

entrevista
Guilherme Roseguini

A adaptação de um repórter de jornal impresso à TV

Quando você deixou o jornal impresso e foi para a TV, que diferenças encontrou?
Muitas. Mudar do jornal para a TV é algo bem drástico, e não são todos que conseguem se adaptar.

O primeiro baque surge na própria concepção do que é uma reportagem. Em TV, imagem é tudo. Não adianta eu ter pesquisas e estatísticas sensacionais sobre determinado tema. Na TV, preciso de um rosto por trás disso, algo que transforme os números em realidade para quem assiste.

Quais lacunas sentiu que tinha para trabalhar com TV?
Precisei treinar habilidades específicas. Repórteres de TV precisam narrar suas reportagens, aparecer no vídeo, interpretar o próprio texto. Para isso, fiz aulas de interpretação e cursos com uma fonoaudióloga.

Como a experiência em impresso te ajudou lá?
Aprendi um conceito muito importante na Folha: repórter precisa perseguir as grandes histórias. É isso que faz a diferença. Minha narração não era das melhores. Eu não ficava tão bem no vídeo. Mas tudo isso perdia impacto porque a história que eu estava contando era boa. E é assim que sigo até hoje.

Guilherme Roseguini, 28 anos, começou como jornalista da Folha em 2001, aos 19 anos, e passou a trabalhar em televisão na Rede Globo a partir de 2007. Ganhou o Prêmio Direitos Humanos de Jornalismo (duas vezes), o Prêmio Globo de Jornalismo (duas vezes) e o Prêmio Alexander Adler (menção honrosa).

Na íntegra da entrevista, Guilherme Roseguini diz que conseguiu o emprego na Folha quando ainda estava na faculdade, e que antes trabalhava num jornal do próprio curso. Diz que tinha todas as lacunas possíveis e imagináveis e que nunca pensou em trabalhar em Esporte: http://is.gd/bjl9y.

Durante a cobertura da Copa do Mundo, na Alemanha, em 2006.

Sabendo preencher as lacunas e se adaptar às diferenças de formatos, a experiência a mais em outros veículos só vai acrescentar novas possibilidades de trabalho. Além disso, o jornalismo está cada dia mais multimidiático, e um repórter que domine não só texto, mas habilidades em edição de áudio, de vídeo e de sites – como vimos no capítulo 4 – estará um passo à frente de muitos colegas.

Sou velho demais para (re)começar?

Quando é tarde demais para mudar de área ou de profissão? Do programa de treinamento da Folha já participaram advogados, biólogos e físicos com cerca de 30 anos. A idade pesa nesses casos?

O fato de não ser mais um recém-formado nem ter experiência na nova carreira que se quer abraçar pode complicar, sim, sua vida. Por algumas razões:

1. você mesmo já está acostumado com um emprego há muito tempo, provavelmente já subiu degraus em sua carreira atual e talvez não queira trocar estabilidade e um salário de dez anos de carreira pelas incertezas do jornalismo e o piso salarial na carreira (que, em alguns Estados e veículos, não é maior que R$ 900);
2. o selecionador pode achar que você é muito indeciso e que vai levar mais tempo para começar do zero do que levaria alguém de 20 e poucos anos de idade;
3. há Redações em que os jornalistas são muito jovens e você pode se sentir um peixe fora d'água.

É preciso, portanto, ter ciência de que começar uma carreira com 30 anos ou mais sempre é mais difícil, independente da área que escolher.

Nesse caso, se você estiver mesmo determinado a trabalhar como jornalista, deixe isso claro durante o processo seletivo – no currículo, quando ele for necessário, ou na entrevista. Diga como suas habilidades em outra área poderão ser úteis para o trabalho jornalístico.

Demonstre sua persistência, interesse e maturidade emocional, que são três características muito valorizadas por qualquer editor.

Para quem quer mudar de área

Se você não tiver tanta certeza assim, procure exercer o jornalismo como um hobby. Hoje em dia, com a internet e a facilidade de se montar um blog, qualquer um pode ser seu próprio editor. E é possível produzir pautas relevantes sem muita estrutura.

Foi o que fez, por exemplo, a Regiane Santos, uma jornalista que montou o site de notícia PL em Foco, voltado para os moradores de Pedro Leopoldo, cidade da região metropolitana de Belo Horizonte.

Ela decidiu sair do jornal local onde trabalhava havia cinco anos e dedicar seu tempo integral em seu site. E ela, sozinha, se pauta, apura os fatos, checa com todos os lados envolvidos, fotografa e edita o que vai para o ar.

Independentemente de sua idade, se você quer mudar de área, reflita bem sobre estes dois pontos:

1. O que lhe desagrada de fato na área em que trabalha atualmente? Há alguma chance de que os mesmos problemas detectados na atual profissão existam no jornalismo (as limitações, chatices, faltas de estrutura, rotinas etc.)?

2. O que o atrai em jornalismo? Você tem certeza de que isso que o atrai é parte da realidade de um jornalista? Não há outras formas de conseguir essa satisfação como hobby (por exemplo, se o que você gosta é de fotografar, ou de escrever)?

Se estiver mesmo seguro de que quer mudar de profissão, boa sorte na empreitada de arriscar o jornalismo! Se não der certo, não há mal nenhum em voltar atrás ou tentar ainda uma terceira opção.

Na 48ª turma de trainees da Folha, por exemplo, uma trainee formada em ciências sociais desistiu do programa em outubro, depois de dois meses de atividades jornalísticas, para prosseguir numa nova graduação em direito. Na turma anterior, outro trainee, também formado em ciências sociais, chegou até o final do curso, mas depois não quis continuar como jornalista. Por outro lado, há quase 20 ex-trainees com formação no mesmo curso, que gostaram e decidiram continuar no jornalismo.

entrevista
Ricardo Feltrin

Da música para o jornalismo aos 27 anos

Você estudou o quê?
Administração de empresas e teologia, incompletos, e quatro anos de ciências sociais.

Como caiu no jornalismo?
Descobri que a Folha não exigia diploma. Eu lia a Folha desde que tinha 14 anos. Era músico...

Sua ideia inicial era ser músico, como profissão?
Sim. Desde os 16 já me sustentava com a música, depois que me formei em química.

Então por que jornalismo?
Antes disso, virei professor. Minha namorada engravidou, tivemos um filho. Estava com 25 anos. Um dia a Folha publicou na primeira página o editorial "Carta aberta ao sr. presidente da República" e eu pensei: quero trabalhar neste lugar. E logo depois me inscrevi no Programa de Treinamento.

Então quando você entrou no jornal, já era "meio velhinho", né?
Tinha 27 anos.

Achava-se velho?
Achava, nossa!

Muito editor em banca diz: "Mas esse cara está com 28 anos, nunca fez nada. Não vai ser agora que vai começar a fazer".
Sou o cara mais sortudo do mundo de ter conseguido passar no teste, porque acho que não tinha nenhum perfil perto dos que concorriam comigo.

Eu não falava inglês – aliás, até hoje não falo direito. Faço aula, mas tenho dificuldade.

Hoje você é responsável por selecionar e contratar jornalistas. Se aparece um cara mais velho, sem experiência, como você costuma avaliá-lo?
Hoje eu já presto atenção, penso que quem sabe ele pode se desenvolver. É tão difícil selecionar. Já vi muito candidato mostrar grande cultura, falar

Ou seja: não dá para generalizar. Cada um vai achar o melhor caminho para si em qualquer situação da vida. Na profissional, inclusive. O que você precisa ter em mente é que:

- toda decisão é difícil;
- ter medo de errar angustia mesmo, mas temos que saber como e quando arriscar;
- toda escolha implica perdas e ganhos;
- nunca há garantia de que escolhemos o caminho melhor;
- a única forma de tomarmos uma decisão é organizando a cabeça e

quatro línguas, mas depois ser incapaz de fazer um bom texto, um bom lide.

Ricardo Feltrin nasceu em São Caetano do Sul em 1963, e graduou-se técnico em cerâmica pelo Senai. Estudou administração de empresas (um ano, no Imes), teologia (um ano, como aluno-ouvinte, na Metodista) e ciências sociais (quatro anos, na Fundação Santo André), mas não se diplomou. Antes de entrar na Folha, em 1991, foi bancário, professor da rede estadual de ensino e pianista profissional. Na Folha exerceu os cargos de repórter, redator e editor-assistente. Foi repórter e editorialista da *Folha da Tarde* e colunista do jornal *Agora São Paulo*. Na Folha.com desde outubro de 2000, foi colunista, editor-chefe e é hoje secretário de Redação; também é apresentador e crítico de TV do UOL.

Na íntegra da entrevista, Ricardo Feltrin fala sobre as características que tinha para ser contratado em sua primeira seleção. Diz quais eram suas lacunas, fala de seus momentos difíceis e conta o que mais valoriza quando vai selecionar alguém: http://is.gd/bjlli.

Em 1997, em um torneio interno da Folha, após uma partida entre Folha da Tarde x Departamento de remessa.

pesando prós e contras. A opinião dos outros não vai adiantar muito nessas horas;

- se se arrepender, volte atrás ou tente uma nova opção. A vida é assim mesmo.

14 Demissão não é o fim do mundo

Este é um livro sobre "contratações", mas reservamos um capítulo final sobre demissões porque assim é a vida: há dias de sucesso e outros de fracasso, boas ondas e marés baixas, inícios, meios, finais e recomeços.

Por isso, se for demitido, não se desespere. Se você prestou atenção nos depoimentos deste livro, deve ter visto que jornalistas hoje muito reconhecidos também já foram demitidos um dia. Como diz uma delas – a colunista Eliane Cantanhêde –, é péssimo para a autoestima, mas está longe de ser o fim do mundo. Quem estiver com os olhos abertos e a lição de casa em dia logo encontrará novas chances.

Foi demitido? Evite cometer alguns erros que só pioram a frustração. O site Universia[22] conversou com gestores de carreiras e listou os seguintes dez piores erros cometidos por quem deixa uma demissão abalar toda uma carreira (com nossos comentários adaptando para o jornalismo).

1. Não possuir um planejamento estratégico de sua carreira – o ideal é que todo mundo defina quais são suas metas para daqui cinco ou dez anos. Onde você quer estar? O que pode fazer para chegar lá? E para contornar os empecilhos que surgem no caminho, como uma demissão?

2. Deixar de se capacitar – esse é um erro imperdoável para jornalistas, porque nós precisamos estar em constante aprendizado e aperfeiçoamento. Veja o capítulo 5 para saber como se capacitar até sem muito dinheiro.

3. Ser muito pessimista ou muito autoconfiante – o pessimismo dificulta na hora de encontrar saídas para os problemas, mas o excesso de autoconfiança pode deixar a pessoa acomodada e incapaz de apreender as críticas dos outros e de se aperfeiçoar.

4. Esconder-se – não é bom ser o aparecido da sua empresa, seja ela qual for, mas é importante ser capaz de contribuir para fazer um jornal cada vez melhor, com sugestões e reportagens de destaque.

5. Não se adaptar às mudanças – toda crise é sinal de mudanças. A suposta crise dos jornais impressos nos Estados Unidos veio acompanhada de revoluções nos meios de comunicação digitais. Ficar alheio a essas mudanças é o pior erro que um jornalista pode cometer.

6. Ser inflexível – esse erro complementa o anterior. E também é comum se você é daqueles que acham que os selecionadores estavam errados ao não chamá-lo para aquela vaga e ponto. É importante ouvir o que têm a dizer e, se achar justo, tentar aprender com flexibilidade.

7. Deixar de inovar – vá além do que foi pedido, demonstre entusiasmo pelo seu trabalho, seja criativo. Mesmo se estiver desempregado, esta dica será útil para destacar seus trabalhos freelance e colocar você de volta ao mercado.

8. Perder a motivação – esse erro tem a ver com o que falamos mais acima sobre o excesso de pessimismo. É o otimismo que nos leva para a frente, que nos impulsiona para ousar novos caminhos e conseguir mais trabalhos.

9. Tomar decisões precipitadas – pondere bem antes de pedir demissão, mudar de emprego, dar guinadas drásticas em sua vida profissional. Essa dica tem a ver com a primeira, sobre suas estratégias e os planos que você tem para sua vida profissional.

10. Entrar em pânico – demissão é mais comum do que a gente pensa. Reprovação em testes e bancas, mais comum ainda. Mantenha a cabeça no lugar e tente novas oportunidades (ou insista naquela, se achar que vale a pena).

AGRADECIMENTOS

Da Ana:
Por sempre me incentivarem nos meus mais diferentes projetos na vida – e não só em jornalismo –, agradeço a meu marido, Vinicius Torres Freire, minha filha, Sofia Freire, meus pais Carlos e Maria Thereza de Sousa Pinto, e a meus amigos Fábio de Souza Andrade, Adriane Duarte e Marcos Nobre.

Agradeço também aos que me abriram portas no jornalismo: Silvia Bittencourt (que está no começo disso tudo), Carlos Eduardo Lins da Silva, Junia Nogueira de Sá e Otavio Frias Filho.

Este trabalho foi inspirado por pessoas que considero exemplos de envolvimento, iniciativa, determinação e coragem para assumir riscos. Dentre eles estão meus irmãos mais novos – Bia, Artur e Mauro –, minha "irmã mais velha" Paola Prestes, minha querida Lisandre Castello Branco e minha professora Suzana Amaral. Por fim, registro que este livro não seria possível sem minha insuperável "bomba atômica" Cristina Moreno de Castro, que foi meu braço direito – e às vezes também o esquerdo.

Da Cris:
Agradeço ao meu pai, José de Castro, por ter sido meu maior mestre no jornalismo (e não só), e à minha mãe, Ivona Moreno, por também ter me apoiado em todas as minhas ideias e invencionices. Aos meus irmãos – Rick, Vivi e Mônica –, por tudo o que me ensinaram e pelos exemplos que me deram.

À minha melhor professora, Beth Gressi, por ter me incentivado a escrever, reportar e poetar, desde pequena. Aos amigos que fui co-

Agradecimentos

letando – do Santo Antônio, da UFMG, do Banco do Brasil, da música, da Folha, dos bares e surpresas da vida – e que sempre-sempre me empurraram para a frente.

Por fim, queria agradecer à Ana, que viu alguma coisa em mim e, desde então, decidiu virar minha fada madrinha.

Ana e Cris louvam o trabalho cuidadoso, detalhista e competente de nosso editor Oscar Pilagallo. Também agradecem a Fabio Chiossi, por compartilhar com a gente o aprendizado e os ensinamentos diários na Editoria de Treinamento da Folha.

NOTAS

[1] Procuramos explicar de forma didática os termos e procedimentos jornalísticos usados neste livro. Para uma explicação detalhada sobre cada uma das etapas do trabalho em jornal diário, uma opção é consultar o primeiro livro da Ana: *Jornalismo Diário – Reflexões, Recomendações, Dicas, Exercícios* (Ana Estela de Sousa Pinto, São Paulo: Publifolha, 2009).

[2] Um trote muito comum nas Redações no século passado era mandar o jornalista novato descer às rotativas para "buscar a calandra". Quando chegava lá e fazia o pedido, ele invariavelmente virava alvo de chacotas: calandra era um tipo de caldeira em que se derretia o chumbo, depois usado para fazer os tipos, nas antigas impressoras. Pesava toneladas.

[3] PC Farias foi tesoureiro da campanha à presidência de Fernando Collor de Mello. Procurado pela Justiça sob acusação de coordenar rede de corrupção no governo Collor, fugiu do Brasil e foi recapturado na Tailândia.

[4] http://is.gd/c8IUN

[5] http://is.gd/c8JfC

[6] http://is.gd/c8Jrb

[7] http://is.gd/c8Jz4

[8] http://is.gd/c8JKG

[9] http://is.gd/c8JSl

[10] http://is.gd/c8K9Q

[11] http://is.gd/c8KhM

[12] http://www.ojr.org/ojr/people/robert/200909/1780.

[13] http://is.gd/c8Kum

[14] http://is.gd/c8Lbt

[15] http://is.gd/c8LiC

[16] http://is.gd/c8Lq3

[17] Escândalo político ocorrido nos Estados Unidos na década de 70 que culminou com a renúncia do então presidente Richard Nixon. O caso foi

batizado com o nome do complexo de prédios em que ficava o Comitê Nacional Democrata, em Washington, DC. Cinco pessoas foram detidas quando tentavam fotografar documentos e instalar aparelhos de escuta no escritório do Partido Democrata. A investigação revelou que o presidente sabia das operações ilegais.

[18] É comum os veículos exigirem que o frila trabalhe como pessoa jurídica. Por isso, vale a pena estudar o que é necessário para abrir uma empresa: há uma série de exigências burocráticas que precisam ser pensadas, como os documentos necessários para registro na Junta Comercial ou cartório, a obtenção do CNPJ, a contratação de um contador, o pagamento dos impostos etc. O site do Sebrae é uma boa dica para quem quer se aprofundar nisso: http://www.sebrae.com.br/momento/quero-abrir-um-negocio.

[19] http://is.gd/c8Lzg

[20] http://is.gd/c8LEz

[21] http://is.gd/c8LKi

[22] http://www.universia.com.br/carreira/materia.jsp?materia=17657.

Extras do livro no site: http//is.gd/c6uuQ

Créditos das imagens:

pág. 19 - Arquivo pessoal (Xico Sá)

pág. 27 - Reprodução (Fábio Seixas)

pág. 35 - Antonio Pirozelli/Folhapress (José Hamilton Ribeiro)

pág. 53 - Arquivo pessoal (Maria Cristina Fernandes)

pág. 65 - Marcelo Prates (Bob Fernandes)

pág. 71 - Arquivo pessoal (Laurentino Gomes)

pág. 77 - Manoel Motta (Juca Kfouri)

pág. 117 - Adolfo Gerchmann (Mílton Jung)

pág. 123 - Arquivo pessoal (Eliane Cantanhêde)

pág. 131 - Folhapress (Laura Capriglione)

pág. 132 - Arquivo pessoal (Eliane Brum)

pág. 143 - Claudio Freitas/Folhapress (Marcelo Tas)

pág. 151 - André Sarmento/Folhapress (Marcio Aith)

pág. 155 - Arquivo pessoal (Boris Casoy)

pág. 157 - Arquivo pessoal (Guilherme Roseguini)

pág. 161 - Leonardo Colosso/Folhapress (Ricardo Feltrin)

Este livro foi impresso em
julho de 2010 pela Cromosete
sobre papel offset 90 g/m².